春や秋のクルマ旅なら、河川敷などのキャンプ場に入り、サイドオーニングの下でゆっくり過ごすのもいい。オーソドックスなPキャンスタイル

冬の車中泊スタイル。旅先で温泉めぐりや外食を楽しんだ後、サブバッテリーを利用して、コタツで寛ぐことも

車中泊の作法

稲垣朝則

ソフトバンク新書　159

本書に掲載している内容は、2011年2月までの執筆時点のものです。

はじめに

日本ではじめて車中泊をテーマにした専門誌が登場したのは、二〇〇八年六月のこと。以降、テレビや新聞で、車中泊が取り上げられる機会が増えてきました。車中泊は、既にそれを実践している人々だけではなく、社会全体の関心事になろうとしているのです。

とはいえ、ブームというのは功罪を伴うのが世の常。今まさに車中泊は、その「功」と「罪」の両面において世間から注目されています。以前からクルマの中で寝泊まりする旅を嗜んできた人々は、車中泊というものが、実態以上の評価と批判を受けているように感じていることでしょう。筆者もその中の一人ですが、そんな矢先に、この新書を執筆することになりました。なお、二〇〇七年に筆者は、『ミニバン車中泊バイブル』という本を書いています。当時は、車中泊をする人もまだ少なく、もっとおおらかに「時間に拘束されがちなホテルや旅館での宿泊と違って、自由気ままに行動ができる」と楽しんでいたものです。

しかしその後、急激に車中泊人口が増えたことで、状況は変わりつつあります。

そもそも車中泊が、これほどの勢いで普及したのはなぜでしょう？　最大の理由は、車中泊を伴うクルマ旅が、現代の日本人の暮らしと心情に、ほどよくフィットしていることにあります。時間はたっぷりあるが、年金やアルバイト収入の範囲内で遊びたいと思うシルバー世代の人や学生たち。逆に時間がなく、短い休日を有効に活用したいと思っている家族。また旅行会社のツアーに飽き、自分で行きたい旅先だけをめぐろうと考える中高年の人たち…。車中泊は、どの世代にも求められる一面を有しているのです。

さらに普及を後押ししたのが、全国各地にある「道の駅」の存在でした。しかし、このありがたい施設は、車中泊をする人のために作られたものではありません。今、各地の道の駅で問題になっている迷惑行為は、そのギャップから生まれたものが非常に多いと感じています。

例えば、道の駅にある一般的な駐車場を使った車中泊に、車外での料理をはじめとする、キャンプ行為を持ち込むケース。これは禁止している施設もありますし、たとえそれが明記されていなくても、行なうべきではありません。
ここで、話を整理するために、「車中泊」という言葉の意味を、筆者なりにまとめてみたいと思います。

車中泊とは、「クルマで旅行やレジャーに出かけた際に、道の駅やサービスエリアなどの駐車場に駐車し、車内で一夜を過ごすこと」です。文字通り、クルマの中で寝るだけの行為。わかりやすくいえば、長距離トラックの運転手と同じスタイルです。クルマの外に荷物を出すことはなく、食事をする場合は外食をするか、お弁当などを車内で食べるのが基本になります。

混同されやすい言葉に「Pキャン（パーキングキャンプ）」があります。クルマの中で寝るという点は車中泊と同じなのですが、こちらは、広めの駐車スペースで、テーブルや椅子を車外に出して、料理をしたり、食事をするようなケースを指します。ただしこれは、Pキャンが許可されたキャンプ場や一部の駐車場でのみ、実現できるスタイルです。

さらに、もっとたくさんの荷物を出してキャンプ行為をしながらも、テントを使わず、クルマで寝泊まりする人もいます。このようなケースとPキャン、そして車中泊をひっくるめて、「オートキャンプ」と呼びます。オート（Auto）とは、自動車のことですから、文字通り「クルマで寝泊まりすること」全般です（「クルマが置けるキャンプ場で、テントを張って寝ること」だと思われている方も多いのですが、今回はそういう意味で使っていません）。

前置きが長くなりましたが、このように理解しておけば、まずトラブルになることはないでしょう。実はいまだに「車中泊」という言葉には、「誰もが共有する定義」というものがありません。これこそが混乱の一因なのです。車中泊がどういう行為かをしっかりと定義すれば、旅行者と業界がすべきことがはっきりします。


この本では、人に迷惑をかけず、またご自身も安心して、車中泊やPキャンによるクルマ旅を大いに楽しんでいただくための処方箋をまとめています。

第一章は、入門編です。車中泊にどんな魅力があり、どんな弱点があるか？　現状と歴史を踏まえて、守るべき礼儀もおさえていただけたらと思います。

第二章では、車中泊に適したクルマ、車内で少しでも快適に過ごすための環境作り、クルマ旅を満喫するための賢い計画作りなど、出かける前に整えておきたい「準備の作法」についてお話しします。

第三章からは、いよいよ「実践の作法」。まずは、観光旅行、食べ歩き、温泉めぐり、山登り、釣り、といった目的別に、知っておきたいことをまとめています。

そして、次の第四章からは、道の駅、オートキャンプ場、サービスエリア、有料駐車場といった車中泊地別に、心得ておくべきポイントを述べます。

そして、最後の第五章は、上級編。筆者の経験をもとに、「長旅の作法」をお伝えしたいと思います。

車中泊そのものは、旅の手段の一つにすぎません。楽しむべきは旅です。自分の目的や場所に応じて、この手段をどのように生かせば、うまくクルマ旅が楽しめるのか、そして車中泊の現場では、いったいどのようなことが問題になっているのか…。それを、一人でも多くの人に知っていただきたいと願っています。

目次

第二章　準備の作法

第三章　目的別 実践の作法

第四章　車中泊地別 実践の作法

第五章　長旅の作法

第一章　基本の作法

作法一――車中泊の魅力を心得るべし

貴方は車中泊をしてみたいですか？　もしそうならば、なぜですか？「冒頭からずいぶんシリアスな質問だな」と思われるかもしれませんが、これは入門者にとって最も重要なことです。

客観的に考えてみると、車中泊はビジネスホテル泊・山小屋泊・テント泊などと同じカテゴリーに属する「宿泊手段」の一つです。ゆえに理屈からいえば、「車中泊」を楽しむというのはおかしな話で、楽しむべきはその目的です。釣りや登山のように、明け方や夕暮れの時間帯を有効に使いたい、ペットと一緒に旅行がしたい、あるいは予約に縛られず、自由奔放に日本国内を周遊したい…。車中泊はこのように十人十色の目的を持つ人々によって育まれてきました。つまり、今趣味として楽しんでいること、あるいはこれからやってみたいと思うことがある人ほど、車中泊の魅力を強く認識することができるのです。それならば、車中泊で、今よりもっと、やりたいことが楽しめるはずです。まず、目的と手段の関係を履き違えないようにしましょう。

さて、ここからが本題です。世の中には「ものごと」という言葉がありますが、車中泊にも「モノ」（クルマと装備）と、「コト」（目的）が存在します。

正直なところ三列シートのミニバンでも、フルフラット（シートを倒して平らにする状態）にしただけでは、快適に眠れるまでにはなりません。ゆえに「改造」に関心を持つ方もいます。しかし、モノに心がとらわれすぎてしまうと本質を見失うもの。それでは本末転倒です。本当は美しい風景写真が撮りたかっただけなのに、いつの間にか一眼レフカメラにはまり、次から次へとレンズを買い揃えてしまうのと同じパターンに陥ります。

改造までしなくても、このようなベッドマットで眠れる人も多いはず。市販車での車中泊でも、テントやバンガローでも使えるものが既にある

車中泊の魅力は、いつでも、どこでも、誰とでも、テント泊よりも手軽に野営ができることです。それが小さなヨットで航海しているような自由さと冒険感を生み、家族や恋人との一体感を高めてくれます。

しかし、手軽にできる範疇を超えると魅力は魔力に変わります。

ヨットがクルーザーとは違うように、ミニバンなどの市販車とキャンピングカーも装備が大きく異なります。市販車で泊まる旅の強みは、全てにおいて手軽であることです。「等身大の車中泊」を常に心がけましょう。過信は無理につながっていきます。

真夏の車中泊で、快適に過ごす方法はない。車内だけで不快さを緩和しようとするのではなく、この写真のように別の手段を講じることも必要

「旅行費用を安くしたい」というのは全ての旅行者の願いです。確かに車中泊はその一つの方法のように思えますが、民宿などと単純に比較することはできません。

仮に道の駅で車中泊をしたとしても、食事代と入浴代は必要です。テレビや照明、空調、あるいは目に見えにくいセキュリティサービスもないので、自分でなんとかするしかありません。本当の意味でコストを比較するのなら、それらのサービスが受けられない場合に生じる手間やデメリット、さらに車中泊に必要なグッズにかかったお金を加味しなければなりません。となると実際にはコスト重視で車中泊をしても、さほど苦労が報われる結果にはならないことがおわかりになると思います。

特にお盆と年末年始は、車中泊にとって過酷なシーズン。軽い気持ちでのぞむと生死に関わります。キャンプ場のバンガローやビジネスホテルの中には、親子三人が一万円以下で泊まれる施設がありますので、そちらにも目を向けてみてください。

例えば、キャンピングカーに乗るのに、元が取れると思って購入する人はわずかでしょう。お金より、もっと大事なコトがある…。車中泊でも基本は同じ。そのことに気づいた時から、本当の魅力を生かせるのではないでしょうか。

作法二──車中泊の弱点をあなどるべからず

車中泊は、家とテントのどちらで寝ることに近いと思いますか?

この質問もまた、入門者にとって重要なことです。

世の中にキャンピングカーがあるせいでしょうか、たとえ市販車でも「車中泊は、テント泊よりも家の中で寝ることに近い」というイメージをお持ちの人がたくさんいます。確かに現在は、ほとんどのクルマにエアコンとAV機能付きのカーナビが装備されており、走行中は部屋の中と変わらぬ快適さが得られます。しかし、断熱処理が施され、サブバッテリーや発電機を搭載しているキャンピングカーならともかく、市販車の場合、エンジンを切れば冷暖房はもとより照明さえも使えません。理由は、車のメインバッテリーが空になれば動くことができなくなるから。そして、カーバッテリーは乾電池のように簡単に取り換えが利かないからです。

つまりエンジンを切った市販車は、野外に置かれた単なる鉄のボックスと同じで、頑丈さが取り柄のテントでしかないのです。

キャンプの経験がある人は、熱しやすく冷めやすい鉄の塊である自動車よりも、フライシートとの二重構造で、温度の安定した空気層を作るテントの方が過ごしやすいことを知っています。つまり市販車における車中泊の実態は、テントに近いというよりも、実はテントにも遠くおよびません。

それは少し考えればわかります。もともとテントは、過酷な気象のもとでも、中にいる人が熱中症や凍傷にかからずに過ごすための道具として、研究・開発されてきたものです。しかし市販車は、エンジンを切ったまま使用するという前提に立って作られてはいないのです。

テントであれば、GIコットと呼ばれる携帯用のベッドも使える。寝心地をよくするだけでなく、荷物整理時にも使える重宝なアイテム

また車中泊の寝具としては、シュラフ（寝袋）を推奨します。それには、三つの理由があります。

一つ目は、収納性のよさ。布団に比べて格段にコンパクトなのは当然ですが、畳んで片付ける必要もありません。山での使用を想定し、端から適当にギュッギュッと押し込んでいけば収まるように作られているのです。二つ目は、洗濯の容易さ。野外とドア一枚しか隔たりがないうえに、頻繁に乗降するため、クルマはダニに侵入されやすい環境。洗濯が必要になります。そして最後が、豊かな選択肢。形状・素材ともに、布団とは比較にならないバリエーションがあります。

登山用に開発されたアルパインシュラフ（写真右）。氷点下10℃まで耐えられる品質を持ちながら、ここまでコンパクトに収納できる

これまでの説明でおわかりになったと思うのですが、市販車は車中泊をするには弱点だらけです。その弱点を補う最も手軽で合理的な方法は、上手に場所を選び、車中泊用品やアウトドアグッズを賢く利用することに尽きます。

例えば、晩酌しながら夕食を旅先でゆっくりと楽しみたいという場合。道の駅だと、車内にリビング空間のある本格的なキャンピングカーならともかく、市販車では実現が困難です。では場所を変えて、オートキャンプ場を利用すればどうでしょう。椅子やテーブルの利用、炊事、生ゴミの廃棄…。全て道の駅では禁止されている行為ですが、オートキャンプ場では当たり前のこと。特に北海道を旅するなら、低料金のオートキャンプ場も比較的見つけやすいので、ぜひ利用を検討してください。

確かに最近は、車載用のサブバッテリーシステムが開発され、市販車でもエンジンをかけずに車内で一〇〇V（ボルト）の家電が使えるようになってきました。その点だけを見れば、市販車がキャンピングカーに一歩近づいたように感じるかもしれません。しかし、別名「モーターホーム」とも呼ばれるキャンピングカーとは、依然大きな隔たりがあります。マイカーを自ら改造してキャンピングカーに近づけたいのなら、その精力を8ナンバー登録済みの本物のキャンピングカーの購入に注ぐべきでしょう。

作法三――車中泊の「歴史」を心に刻むべし

さて、車中泊について理解を深めるために、このスタイルがどこから生まれたのかをふりかえってみましょう。

その原点は、アウトドアを趣味にする人々のニーズにあります。

山歩きや釣りは、夜明けからはじめるのが定石です。そのためには、登山口や渓流などのできるだけ近くに泊まった方がいいに決まっています。しかし、そんな場所には、食堂やコンビニエンスストアがないので、食事は自分で作るしかありません。また、朝早くからクルマを離れるので、テントを張るわけにもいきません。さらに、女性が同行する時は、近くにトイレがないと不便です。

このようなケースでは、低料金で利用できるオートキャンプ場が一番ありがたいわけですが、そういう施設は、北海道などのごく限られた地域にしかありません。そこで、本州では、簡易トイレのある河川敷などが、その代替スペースとして利用されてきました。当時、道の駅はなかったのです。

しかし、一九九三年四月二二日、全国に一〇三か所の道の駅が登録されました。その道の駅が最も急激に増えたのが、一九九八年と一九九九年です。この時こそ、道の駅での車中泊が主流となる転機でした。

早朝からの登山や釣りを目的にしない人々にすれば、利便性の高い国道沿いにあって、きれいな水洗トイレと食事施設が完備された道の駅は、理想的な車中泊環境でした。つまりこの時期を契機に、クルマで寝泊まりして旅する人は、「アウトドア目的＝Pキャン志向派」と「旅行目的＝車中泊志向派」の二つに分かれていったのです。

1999年秋にキャンピングカーの出入禁止を宣言した、道の駅なるさわ。それを契機に、Pキャンに代わって、車中泊という表現が使われはじめた

車中泊がブームと呼ばれるようになったのは、二〇〇〇年代の中盤以降。その要因には、次の三つが考えられます。

まず最初は、「アクティブシニア」と呼ばれる人々の登場です。二〇〇七年に定年退職のピークを迎えた団塊の世代は、体力と好奇心が旺盛なだけでなく、財力にもゆとりがあります。この世代の人々に時間ができ、長期の自由な旅行がより望まれるようになりました。余生を旅とともに楽しみたいという願望は、キャンピングカーの販売台数にも顕著な影響を与えています。

二つ目の要因は、空前と呼ばれて以降、今もその勢いを持続しているペットブームです。これは団塊の世代ともオーバーラップしますが、ペット同伴で旅ができる車中泊は、瞬く間に多くの飼い主のハートを捉えました。

そして最後がミニバンです。商用車に使われてきたワンボックスカーとは違い、スタイリッシュでありながら、フルフラットシートがついたミニバンは、もはやセダンに代わる日本のファミリーカーとして確固たる地位を築いています。さらなる低燃費を目指し、今もなお各メーカーが開発競争を繰り広げている新ジャンルのクルマは、車中泊ユーザーの選択肢を今後ますます豊かにしていくことでしょう。

二〇〇九年に導入された高速道路のETC休日特別割引も、車中泊ブームの追い風になったことは確かです。しかしアクティブシニアにすれば、休日限定はさほど魅力的ではなかったようです。渋滞と混雑、そして何より、途中下車せず割引時間内に目的地まで走りきらなければならない長距離運転は、想像以上に疲れるのです。時間があるのですから、のんびり寄り道しながら国道を走ることを選ぶ人が多いのは道理でしょう。

しかし、二〇一一年に導入予定の平日割引が施行されれば、今度は途中下車がしやすくなるだけに、状況が一変するかもしれません。

2009年には、高速道路のETC休日特別割引制度が施行された。導入以降、サービスエリアが満車になる機会が激増した

作法四――車中泊の「現状」から目をそらすべからず

ブームと呼ばれている車中泊ですが、そもそもブームとは「ある物が一時的に盛んになること」を意味し、長続きしないことに使われる表現です。前項で車中泊の人気を支えている三つの要因を紹介しましたが、それぞれは一時的な現象ではなく、ユーザー側から見る限りは、堅調な未来を予測させてくれるものだと思います。にもかかわらず、社会からは単なるブームとしてしか扱われない理由は何でしょう？　車中泊に関わる人間は、まずそれに気づく必要があります。

当たり前のことですが、道の駅やサービスエリアは道路利用者の休憩施設であっても、車中泊のための施設ではありません。またミニバンも車中泊をするために開発されたクルマではないのです。つまり、多くの人々は車中泊のためのものではないクルマと施設を利用して、アウトドアや旅行を楽しんでいるというのが、現在の偽らざる実態です。あえて車中泊のために考え出されたものを挙げるとしたら、それは先駆者たちによって培われてきたアイデアとノウハウでしょう。

では、本当に車中泊には専用の施設とクルマがないのでしょうか？　この件に関しては「あるといえばあるし、ないといえばない」としかお答えできないのが現状です。

実は、車中泊が今のようになる前、一九八〇年代後半に、日本ではオートキャンプの一大ブームが巻き起こっています。本来のオートキャンプは「自動車で移動しながら、宿泊時もそのクルマを利用する旅の方法」として日本に伝来してきたスタイル。ゆえに、初期に作られた高規格オートキャンプ場には、大型のキャンピングカーが利用できるよう、ダンプステーションまで作られていました。

典型的な高規格オートキャンプ場の一つ、島根県の石見海浜公園オートキャンプ場。大型キャンピングカーでもすっぽり収まる駐車場を完備

しかし、芝生張りの区画サイトと水洗トイレ、さらには給湯まで設備された高規格のオートキャンプ場には、開設側が期待したキャンピングカーではなく、マイカーを横付けし、お洒落にカラーコーディネイトされたタープやシェルターの下で、野外料理に舌鼓を打つテントキャンパーが集まってきました。実際に利用すればわかりますが、現在のオートキャンプ場の大半には、車中泊やPキャンにそぐわない点が多々あります。加えて料金も一泊四〇〇〇円以上が相場となっているため、旅の宿として利用するには、明らかにコストパフォーマンスが悪いのです。

長旅を続けるには、経済的にも物理的にも自炊が便利です。日本中のどこにでも都合よくレストランがあるわけではないし、夫婦だけならちょっとした食事で事足りるのですから、スーパーで魚や野菜を買って、簡単な料理をする方が理にも適っています。ゆえに、本来はその設備が整ったオートキャンプ場を利用するのが理想的であることはわかっていても、前述の料金が利用の妨げになっています。

ただ、北海道には無料もしくは夫婦でも一泊一〇〇〇円以下で利用できるキャンプ場が点在しており、中には「車中泊」という料金体系を持つ施設もあります。しかし現在のところはまだ、それは例外的な存在にすぎません。

一方クルマに目を向けてみると、やはり理想をいえば、就寝機能と炊事機能を搭載したキャンピングカーに行き着きます。日本では住宅事情からトラックベースの大型キャンピングカーを保有できる人は限られており、ワンボックスカーを架装した「バンコン」と呼ばれる8ナンバー車両に人気が集まっています。それでもフル装備すれば、新車で五〇〇万円近い価格にはなるでしょう。

「ミニバンより眠りやすいクルマが欲しいが、道の駅やオートキャンプ場を利用するから、炊事機能までは不要」。そう考えるユーザーにとって、現在はまだまだ選択肢が少ないというのが実態です。

1600ccの小型商用車をベースに作られた車中泊カー。シート下に荷物が積め、シートとテーブルは簡単にベッドにできる。こういうクルマが市販されるとよいのだが…

作法五――車中泊の礼儀を心得るべし

昨今、「車中泊のマナー」という言葉を本当によく耳にします。しかし、中には車中泊者だけが守るべきものではなく、道の駅などの利用者全員に該当する内容であったり、犯罪や違反行為を混同している記載もあるようです。そこで、次章からの準備編に入る前に、それを整理しておきたいと思います。

まず、わかりやすいのは犯罪行為です。犯罪というのは特に現地に注意書きがなくても、日本の法律に基づき禁止とされている行為です。例えば、盗電やゴミの不法放棄などがそれに該当します。もちろん犯罪ですから、取り締まりの管轄は警察ということになるでしょう。

次が違反行為です。ここでいう違反とは、道の駅などの施設が個々に定めている規則を破ることです。実は、道の駅は全国どこでも同じ規則で運営されているのではありません。国土交通省が関わっているため勘違いしやすいのですが、施設の利用に関する規則をどうするかは、個々の施設の判断に委ねられています。

基本的に、規則は場内の案内板などにまとめて記載されていることが多く、そこに「禁止」と明示されていることを行なえば、納得がいかなくても違反行為になります。従って、道の駅や公園などの駐車場で車中泊をする際には、まず規則が明記されたボードや張り紙がないか、よく確かめるようにしてください（トイレに掲示していることもあります）。他に、夜間は閉鎖するところや、宿泊禁止と明記している施設もあります。繰り返しますが、決定権は施設にあるのです。

　ただ、規則があるとはいえ、現実に無法地帯となっている施設は少なくありません。それは誰のせいでしょうか？

細かな利用上の禁止事項が明記された、道の駅草津運動茶屋公園。夜間駐車禁止のはずだが、週末は一晩中満車状態が続いている

いうまでもなく、規則を守らない人が原因ですが、規則を定めている側の人にも、違反行為を取り締まってほしいと筆者は思っています。現状、夜間に宿直者のいない施設がたくさんあり、残念なことにそれを知りつつ、違反行為をするという人が後を絶たないのですから。

禁止する側の人間には、自ら定めた規則を遵守させる努力を少しでもしていただきたいもの。ところ変わって、私営オートキャンプ場の管理人には、そのことで神経をすり減らしながらも、真面目な利用者を守っている方がたくさんいます。それは、規則を守っている利用者に対する礼儀でもあります。

利用者のニーズをどう受け止めるかで対応は異なる。民間なら自ら集客を拒むような企業は、真っ先に閉鎖に追い込まれる

最後がいよいよマナーです。マナーとは礼儀ですから、当然相手があるはずです。車中泊においてその相手は、まずその場に居合わせた人たち、それから自分が車中泊をしている間にトイレ休憩などでその施設を訪れるかもしれない人たち、さらには周辺に住んでおられる人たち、最後に全国に数多くいる礼儀正しい車中泊を心がけている人たちです。彼らにとって迷惑行為とは何かと考えれば、本当の答えが見えます。

例えば、ドアの開け閉めを静かに行なう、また夜間に他の人の迷惑にならないようにトイレの前では車中泊をしない、朝市にやってくる人たちが困らないよう、それまでには駐車場を空ける…。こういったことは、少し周りに気を配ればわかるでしょう。

では最近目立つ、車窓を網戸にするケースは？　もし道の駅でそうしていて、窃盗事件に巻き込まれたらどうなるかを考えてみてください。居合わせた人々や施設管理者はもとより、事件がきっかけで車中泊自体が問題視されるようなことになれば？全国で防犯を心がけ、暑くても網戸を使わずに耐えて車中泊をしてきた人たちにまで、影響がおよぶのです。

本当の礼儀とは、規則に書かれていてもいなくても、直面する状況をよく踏まえ、時や場所に応じて柔軟に対応できるスキルを発揮することなのです。

コラム

キャンピングカーとは

キャンピングカーは、本来、オートキャンプができるクルマの総称です。ただ、日本では道路運送車両法に基づき、キャンプを行うための特種な設備を有する自動車（特種用途自動車）に認定されたクルマ、いわゆる8ナンバー車両のことを指す場合がほとんどです。

それには幾つか条件があり、まず、乗車定員の三分の一以上にあたる寝台面積と調理設備が必要とされます。特に調理設備に関しては、調理台・コンロなどが正対して使用でき、床面から高さ一六〇〇㎜以上の空間を有していること、また、調理台・コンロなどと利用者の間に他の設備がないこと、熱源（電気もしくはガス）と水道設備（清水と汚水タンク）を要することなどが細かく規定されています。

その背景には、8ナンバー車両の税金が優遇されていた時代に多発した不法改造車対策がありました。しかし現在はその優遇措置がなくなり、税金対策での不法改造は意味を持たなくなっています。

キャンピングカーは、構造の違いにより、以下の四つに分類されます。

●フル・コンバージョン

シャーシ（車台）を含めて自作された、生粋の専用車です。自動車メーカーの完成車を改装したものではないため、正確にはコンバージョン（改造）にはあたりませんが、この名称で呼ばれています。全長が七mを超えるものもあり、アメリカではRV、あるいはモーターホームなどとも呼ばれています。日本国内で登録されている車両の大半が輸入車です。

●キャブ・コンバージョン

トラックなどを改造したキャンピングカーです。運転席の上にオデコのようなバンクベッドがあるのが特徴で、日本では、キャンピングカーの代名詞というべき存在です。

●バス・コンバージョン

大半はマイクロバスを改装したもの。室内が広く走りがよい半面、窓が大きいため断熱性が低いという難点があるとされています。

●バン・コンバージョン

ハイエース（三九ページ参照）などのワンボックスカーの内装や屋根を加工して架装するタイプ。日本国内では最も多く見かけるキャンピングカーです。ただし、8ナンバーの条件が厳しくなるにつれ、改装できる部分が限定されてきており、キャブ・コンバージョンに対するコスト面での優位性は薄れつつあります。

もう一つ、ここにきて注目を集めているのが、軽キャンパーと呼ばれる軽自動車ベースのキャンピングカーです。普通車に比べるとリーズナブルなベース車両と、税金や燃費が安くて維持費が抑えられること、さらには取り回しやすいことなどが、一人またはカップルで行動する団塊の世代の人々や若い人々のハートを射止めているようです。

ただしその半面、軽キャンパーは走行性と荷物の収納性では、大きく普通車に劣ります。両者の特徴をしっかり見極めてからお選びください。

第二章　準備の作法

作法六――クルマを選ぶ時は、人気車種が存在する意味を考えよ

さてここからは、いよいよ車中泊の具体的な話にコマを進めていきましょう。まずはクルマのお話です。

「セダンでも車中泊はできますか?」。テレビやラジオの番組でよく聞かれるのですが、一概に答えることはできません。第一章で書いたように、車中泊は手段であるがゆえに、その旅の目的は千差万別ですし、同行する人数も一定ではないのです。しかし、実際にセダンで車中泊をしながら旅をしている方がいるわけですから、「いかなる目的であろうとも、本人ができると思えばできる」というのが一番妥当な答えだと思います。車中泊のスタイルに制約はありません。今乗っているクルマで車中泊をはじめたいと思うのは、誰しも同じですから、間違ったアプローチではないと思います。礼儀さえ忘れなければ、特にカタチにこだわる必要はないでしょう。

多種多様な目的がある時代に、車中泊のクルマ選びに関していえることは、人気の車種が存在するということだけです。その理由をこれから詳しくお話ししましょう。

理想をいえば、車中泊に使うクルマは、「安くて、広くて、燃費がよい」に越したことはありません。そこで浮かび上がってくるのが、トヨタ自動車の「ハイエース」というワンボックスカーです。二〇〇系と呼ばれる現行モデルは、スタイリッシュでボディーの幅と高さと長さにバリエーションがあり、エンジンもオーソドックスなガソリン2WDから、アクティブ派向けのディーゼル4WDまで、幅広くラインナップされています。一番安いグレードなら二〇〇万円ほどで新車が手に入るのですから、サーフィンや釣りを楽しむ若者たちにも人気があるのは当然でしょう。

ショップに並ぶハイエース ロングバン。ニーズに応じて、内装の異なる多様なモデルが用意されている

ハイエースの魅力は他にもあります。
詳しくは後述しますが、完全なフラットベッドを搭載するには、5ナンバーや3ナンバーの普通乗用車ではなく、俗にバンと呼ばれる4ナンバーの小型貨物車が適しています。そのため車中泊をするハイエースユーザーの多くは、4ナンバー規格で最大の大きさとなる標準ボディー・標準ルーフのロングバンを選んでいます。

今では、そのロングバンをベースに開発されたベッドキットやバイクキャリア、あるいは防寒とプライベート性を高めるウインドウシェードといった車中泊用品が、市場に数多く流通しています。

ハイエース ロングバンを使った車中泊とPキャンのノウハウをまとめた筆者のウェブサイト「Auto-Packer」（http://www.auto-packer.com/）

ハイエースが車中泊に向いている理由が、もう一つあります。それは、既にこのクルマを車中泊に使っている人がたくさんいて、「車内のここをこのように使う」といった具体的な情報を共有しやすいということ。既に、ハイエースのみの改造事例を紹介するムックや雑誌が、複数刊行されています。その背景には、トランスポーター・ビルダーと呼ばれるハイエースのカスタマイズ専門業者や、前述したハイエース向けの車中泊用品を開発するメーカーの存在があります。

他の車種だとこうはいきません。それぞれのクルマに合わせて、一歩踏み込んだ情報を提供しても、ほんの限られたユーザーにとってしか有効ではないからです。

実際、最近の車中泊専門誌では、様々な車種の室内レイアウトや一般ユーザーの活用事例が紹介されています。それは読者が、自分と同じ車種の活用例に強い興味を示す何よりの証拠です。しかし、仮に同じクルマの事例にめぐり合えたとしても、家族構成や趣味が違えば、期待するほどの情報が得られるわけではありません。言い換えれば、世の中にそういう「教科書」を求める方に無理があるのです。

以上から、ハイエースは様々な面で、最も楽に車中泊ができる環境が確立された選択肢だといえます。

作法七――法律をよく知り、快適な車内環境を整えるべし

今度はマイカーを車中泊仕様に整えたいという方に、幾つかアドバイスを差し上げたいと思います。一度車中泊を体験すれば、「ノーマルのままで二泊以上するのはきつい」と感じる人が多いと思います。特に山歩きや釣りといったアウトドア系の趣味をお持ちの方は、熟睡できなければ疲労がたまり、ケガの原因になりかねません。

ミニバンのように三列シートでフルフラットにできる車種なら、次ページの写真のように、座布団やクッションである程度凹凸を埋め、その上にコンパネ（厚めのベニヤ板など）を並べてマットを敷けば、完全なフラットベッドに仕上がります。ここまでなら、改造にはあたりませんし、材料費もさほどかかりません。多くの人はほぼこれに準ずる方法で快眠環境を手に入れているようです。

ここでいささか問題になるのが荷物の置き場所。夫婦だけでも着替えなどで車内がいっぱいになると思いますので、野外でのんびり寛ぎたいという人は、クルマの屋根にルーフボックスを取り付け、椅子やロールテーブルを収納するとよいでしょう。

ミニバンの簡単ベッドメイキング例

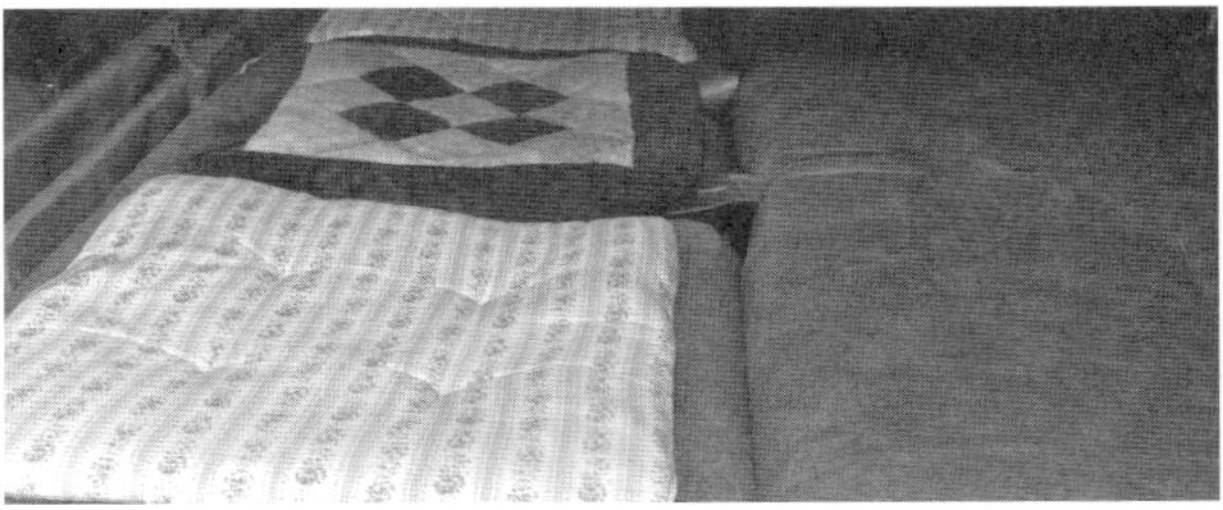

シートをフルフラットにし、くぼみをクッションで埋めていく。クッションは薄くて小さめのものを、状況に応じて組み合わせるとよい

銀マットを貼ったコンパネをその上に置く。コンパネは収納しやすいよう、シートに合わせてカットしてある

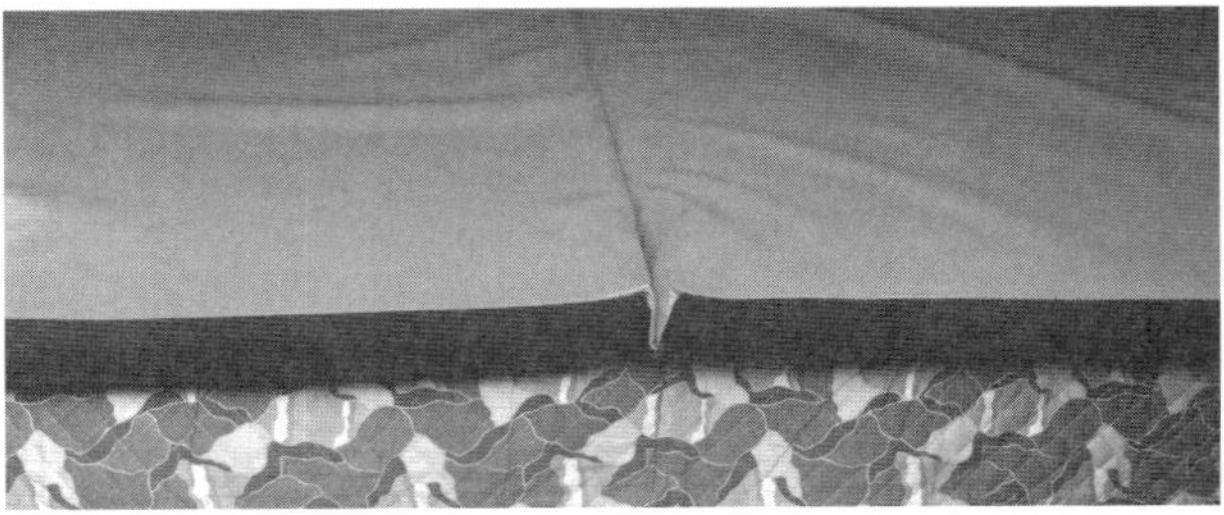

見た目をよくするためにコンパネなどを布地で隠し、最後にウレタンマットを載せれば完成。冬はフリースなどをシーツ代わりにすると暖かい

さらに、収納性や使い心地を改善するため、シートを外して改造を加えたいという方もいらっしゃるでしょう。ただ安易に改造すると、あとで後悔をすることになりかねません。まずは、これから説明する内容をよくご理解ください。

日本にはクルマに関する法律が二つあります。一つはよく知られている「道路交通法」で、もう一つは「道路運送車両法」です。道路運送車両法は、乗用車や貨物車などの車両区分と、車検に関連する内容を規定したもの。この法律に違反している車両を使って、公道を走ることはできません。

車検証を見ていただくとわかりますが、そこには乗車定員が明記されています。通常、三列シートで登録されたクルマなら、七人または八人と書かれています。そこで、最後列の座席を外して使う場合には、陸運局に乗車定員変更を届け出て、車検証を再発行してもらう手続きが必要です。しかし、現在は整備工場に申請してもらっても、容易に認められる状況ではないようです。どうしてもという場合は、購入時に座席を外し、最初から五人乗りとして登録することをお勧めします。

それ以上に厄介なのは、5ナンバーまたは3ナンバーの車両から二列目と三列目の座席を外し、ベッドやキッチンを搭載したいという場合です。日本には8ナンバーが交付される特種用途自動車という区分があり、いわゆるキャンピングカーはそれに属しています。しかし、キャンピング仕様にしたバンなどで、8ナンバーを取得するには、数々の規定をクリアする必要があります。中でも、高さに関する制限は厳しく、実際に8ナンバー登録はできないのが現状です。

となると残された道は、乗用車ではなく貨物車への登録変更。ガソリンエンジンなら、二〇〇〇cc以下の5ナンバー車を4ナンバーに、3ナンバー車を1ナンバーにするしかありません。もちろんこちらの方法も、特に都市部では簡単ではないといわれていますし、仮にできたとしても、また次の問題が待ち構えています。

現行のETC割引制度では、従来から特別割引が適応されてきた大型輸送トラックが属する1ナンバー車両は対象外となっています（二〇一一年一月現在）。つまり、3ナンバーだったこれまでは、休日にはETC割引料金で旅行ができましたが、改造後は正規の料金でしか高速道路が使えなくなるのです。

その他にも、車検時に、ベッドが簡単に取り外せる「搭載物」であることを証明しなければならない、といった条件もあります。正直いって、今は高いリスクをおかしてまでマイカーを改造するメリットが見当たらない、というのが偽らざる現実です。

作法八——旅に電子レンジは必要?　サブバッテリーをよく知るべし

サブバッテリーシステムという言葉を耳にされたことがあると思います。簡単に説明すると、クルマに最初から積まれているメインバッテリーとは別に、もう一つバッテリーを用意し、車中泊時にテレビを見たり、電気毛布などの家電が使えるようにする仕組みです。筆者自身は一九九八年にミニバンで車中泊をはじめた時からこのシステムを搭載し、現在でも活用しています。

さて、サブバッテリーの話になると必ず出てくるのが、「電子レンジは使えますか?」という質問。答えはセダンの車中泊と同様、「使えるといえば使えるが、使えないといえば使えない」です。なぜなら、バッテリーは電池ですから、空になれば充電する必要があります。ただし、一〇〇〇W(ワット)の電子レンジを動かせる大容量の電池を充電するのには、それなりの時間がかかるのです。すなわち、旅先で空になれば、再び満充電にするのは無理に等しい。しかし一泊二日の旅で、せいぜい二度くらいしか使用しないのであれば「使える」という判断ができます。要は使い方次第なのです。

ここでもう少し電気についておさらいをしておきましょう。家庭では一〇〇V（ボルト）で電気が流れていますが、クルマのバッテリーの電圧は一二Vです。つまり家庭のわずか一二％の圧力でしか電気が流れませんので、そのままでは家電は動きません。

そこでインバーターという機器を使って、一二Vを一〇〇Vに変換します。この機器が一度にどれだけの電力、つまりワット数を変換できるかによって、使える家電が決まります。電子レンジやドライヤーのように、一〇〇〇Wを超える電力を使う家電には、それに合ったインバーターが必要です。

サブバッテリーシステムの基本パーツ。使用しているのは、電気毛布などマイコン内蔵の家電が使える最大700Wの正弦波インバーター

なお、本格的なサブバッテリーシステムの中には、走行充電器というパーツが組み込まれています。これはその名の通り、走行中、サブバッテリーへの充電ができるという機器。そこで、「毎日運転すれば、サブバッテリーは空にならないのでは」と思う人が大勢います。しかし、サブバッテリーの走行充電には条件があります。

一般的なクルマには、オルタネーターと呼ばれる発電機が積まれており、ライトはもちろん、ラジオやエアコンといったクルマの中の電気機器は、そこから電力供給を受けて稼働しています。クルマには他にも、停止時にエンジンをかけたり、室内照明をつけたりできるよう、バッテリーが搭載されています。このバッテリー、すなわちメインバッテリーは、走行中にオルタネーターから余った電気を受け取って充電されるので、通常は何もしなくても動き続けているわけです。

このメインバッテリーが満充電にならないと、サブバッテリーの走行充電は始まりません。すなわち、余りの余りをもらうわけですから、ライトを点灯してクルマが電気を一番消費している夜間などは、いくら長時間走ったところで、まず充電されることはありません。以上の説明でおわかりのように、走行充電ではサブバッテリーの放電に充電が追いついていけないのが普通です。

それ以外にも、サブバッテリーを使うには専門知識が必要です。そして何よりコストパフォーマンスを考えると、誰にでもお勧めできるメリットは感じられません。

今はポータブル電源という便利な製品が販売されており、携帯電話やデジカメの充電に、あるいは室内照明やパソコンの電源として利用できます。それでも充電には六時間以上かかりますが、普通のクルマ旅ではこれ一台があれば、そう不自由な思いをすることはありません。第一章で書いたように、車中泊は野営と思うことが大事。クルマは、常時電気が通じている建物にはなれないのです。

サブバッテリーの使用を考えているなら、筆者のウェブサイト「サブバッテリー.com」（http://sub-battery.com/）を参照してほしい

第一章でも少し書きましたが、電化製品が使えなくても、車中泊で特に困ることはありません。世の中にはそれに代わる様々なグッズがあるのです。ここでは二つの事例をご紹介したいと思います。

まずはお湯。お湯は沸かさなければ手に入らないと思っている人が多いと思いますが、実はサービスエリアに行けば、無料で給湯できることがよくあります。ゆえに車中泊で最も必要になるのは、保温に優れた水筒です。サーモスという会社では、七九℃以上を六時間もキープできる山行き専用の水筒を製造しています。この水筒があれば、コーヒーを入れられるのはもちろん、スープやカップ麺などのインスタント食品が食べられますし、なんとパスタを茹でることもできるのです。

また車内の照明には、省エネ電球で話題になっている電池式のＬＥＤランタンがお勧めです。ブラックダイヤモンドの「アポロ」という製品は、無段階で明るさが調節でき、置きと吊りの２ウェイで使うことができます。

この本をご覧の方の中には、キャンプの経験が全くないという人もおられるでしょうが、この機会にぜひ一度、アウトドアショップに足を運んでみてください。きっとたくさんの驚きと発見があると思います。

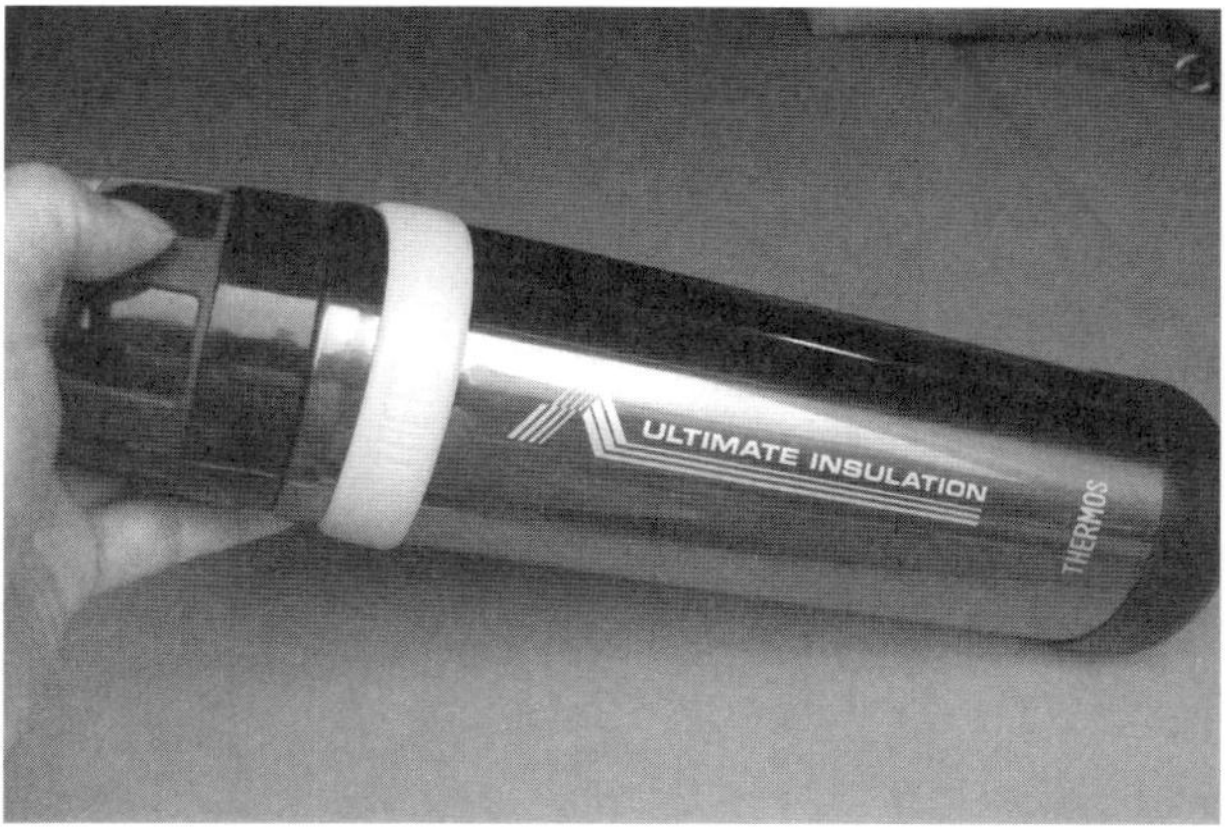

サーモスの「山専ボトル」。熱湯と塩を入れ、パスタ同士がくっつかないよう、少しずつ加えて混ぜる。通常の茹で時間＋3分で完成

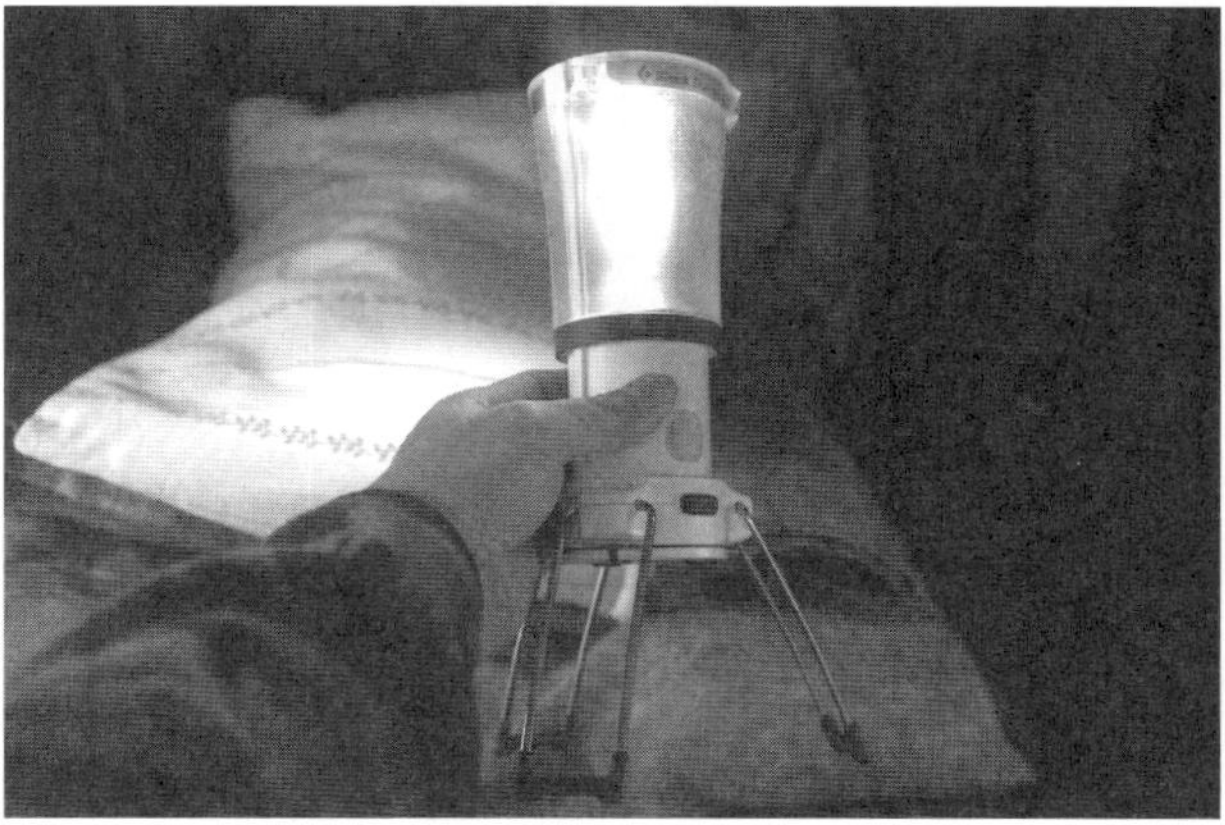

ブラックダイヤモンドのアポロ。暗いキャンプ場などでは懐中電灯代わりに持ち歩くこともできる。単3電池4本で最大60時間点灯する

作法九――暑さは技術で解決できないことを悟るべし

真夏の車中泊において、最大の敵は「暑さ」です。そこで一番お勧めしたい暑さ対策といえば、オートキャンプ場の利用。

テントを使えば、メッシュになっている部分から中に風を通すことができるので、より快適に過ごすことができます。テントがなくても、現在はクルマ用に開発された網戸が販売されているので、それをオートキャンプ場で使えばよいのです。しかしこの網戸を、道の駅やサービスエリアなどの駐車場で使うことは、防犯上お勧めすることができません。コストが気になる場合は、河川敷などにある、低料金のキャンプサイトを利用しましょう。

なお、キャンピングカーの中には、ルーフエアコンを搭載している車両がありますが、それは発電機を使うことで稼働します。つまりはガソリンなどを燃やすことになり、エンジンをかけたまま就寝するのと同じく、マナー違反にあたります。こういった冷房機器や扇風機を使うなら、外部電源設備のあるオートキャンプ場が最適です。

ただ、旅の途中で、オートキャンプ場が使えないケースもあります。そのような場合には、標高の高い場所を選ぶのも手です。涼しく、眠りやすくなることがあります。

標高が一〇〇m上がると気温が約〇・六℃低下するといいます。しかし、それは湿った空気の場合。乾いた空気なら一度近く下がることがあります。ただし、風や地形の影響もありますので、標高だけで判断せず、昔から避暑地と呼ばれてきた地域にも目を向けてください。

ちなみに、地面がアスファルトの場所よりも未舗装の場所の方が、早い時間から涼しくなります。

標高約2000mの地点にある、長野県の道の駅美ヶ原高原美術館。駐車場には「車両等で宿泊される方は、1泊とすること」と明記されている

ただし、「命の危険を感じる時」にはエンジンをかけ、クーラーを入れてください。平常時のマナーは大切ですが、幼児やご年配の方が脱水症状を起こすような事態は、未然に避けるべきです。その場合は、車中泊をしている人が少なく、他の人に迷惑をかけにくい場所を選んで駐車してください。そして、冷房の効いた施設の中に早く移動しましょう。

もちろんアイドリングはあくまでも緊急処置であって、それで連泊しながら旅を続けるのは恥ずべき行為。真夏には、そういう状況に陥らないようにするというのが「良識ある大人の判断」です。

最近、道の駅でよく見かけるクルマ用の網戸。暑さ対策にはなるが、オートキャンプ場以外での使用を控えるのも、車中泊の作法の一つ

作法一〇——寒さ対策の基本は、暖房ではなく防寒にあり

車中泊の処方箋には、暑さよりも寒さに対するものの方が豊富です。そして、その大半は暖房ではなく、防寒によるものです。そこでまずは、スキーなどのウインタースポーツの世界で広く取り入れられていることからご紹介していきましょう。

一つ目は、食べ物です。体を中から温めることで寒さを緩和できます。代表例は、カプサイシンを多量に含むトウガラシを使ったメニュー。キムチ鍋などのピリカラ系がお好きな人には最適です。辛いものが苦手なら、お味噌でも多少は効果が得られます。今は様々なレトルト食品が各社から発売されていて、スーパーなどに行けば容易に入手できます。ただしエコのためにも、カップ入りのものより、袋入りで売られているものをお勧めします。マグカップを持参して、キッチンペーパーで拭けば、洗わずに再利用ができます。また、ドラッグストアで手に入る、生姜湯にも体を温める作用があります。風邪の時に飲む人も多く、用意しておくと心強いでしょう。なお、お酒には体を温める効果はなく、むしろ体内の水分を消費させて冷やす方に働きます。

二つ目はウェアです。アウトドアのフィールドでは、昔から重ね着（レイヤー）をし、体のまわりに暖かい空気の層を作って寒さを和らげる方法がとられてきました。ダウンやウール、フリースがよく使われるのは、起毛効果で、空気の層ができやすいからです。

なお、車内での重ね着にお勧めしたいのは、ベストです。効率的に体を覆うだけではなく、収納面、機能面からも車中泊に適しています。また帽子も同様にコンパクトで防寒効果の高いアイテムです。夜中に寒さで目が開いた経験のある人は、一度ニット帽をかぶったまま眠ってみてください。

フードがついた薄手のインナーダウンジャケットは、就寝時の防寒ウェアとしてもお勧めしたいアイテムだ

もう一つ忘れてはならないのが、アンダーウェアです。ユニクロの「ヒートテック」が爆発的に売れた影響で、今はイオンなどの総合スーパーからも、リーズナブルな価格で防寒性の高いアンダーウェアが発売されています。防寒インナーと呼ばれるこれらの下着が暖かい理由は、保温性・速乾性・発熱性に優れた素材を使用しているからですが、どこの商品も基本的な原理に大差はないようです。

　ただし、防寒インナーの上に着るものをきちんと選ばなければ、せっかくの効果が弱まります。吸水性の高いコットン製のトレーナーよりも、フリースなどをご着用ください。

ユニクロのヒートテック。年々素材に改良が加えられ、デザインや柄のバリエーションも増えている

次は、クルマ本体の防寒についておさえておきましょう。冷気は窓ガラスを通じて車内に侵入してきますので、できるだけ全部の窓に内側からカバーをつけてください。カーテンには、プライベート性を守る効果がありますが、隙間が大きく、防寒効果はさほど期待できません。防寒用の車中泊グッズとしては、「マルチシェード」という、防水加工が施された結露に強い窓カバーが発売されています。しかし、例えば、ハイエース ロングバン（窓八枚）の場合、約三万円かかります。そのため、キャンプで使用するウレタンマットなどを使って自作している人もたくさん見かけます。それでも、改造ではないので特に問題はありません。また、サイズが大きいフロントガラスを、日よけに使うサンシェードで覆うだけでも大きな効果が得られます。その場合は、できるだけガラスに密着させるようにしてください。

またスライドドアのクルマは、窓をカバーしてもステップ部分から冷気が上がってきます。それに対しては、突っ張り棒などを利用してフリースの布を垂らすなどの対策が有効です。

なお、結露については現在のところ、予防する方法は見当たりません。タオルなどを窓の下にあてて、ウェアや寝袋などが濡れないようにする工夫が必要です。

最後に、セラミックヒーターや電気毛布などの暖房機器を使いたい場合は、暑さ対策の時と同様に、外部電源設備のあるオートキャンプ場を利用するのが最善です。

通年営業しているオートキャンプ場の中には、給湯設備を用意した施設が多く、キャンピングカーで長旅をする人々は、夏冬にかかわらず、このような高規格オートキャンプ場を活用しています。なお通年営業している施設は、オートキャンプ場のガイド本を見ればわかります。よく旅に出る人は、インターネットで調べるだけでなく、本を一冊持参しておけば、何かと便利でしょう。

場内にコインランドリー・電源・給湯設備を有する高規格オートキャンプ場「とまろっと」。高知県の四万十市にあり、温泉もすぐそばにある

作法一一——収納の前に、散らかる理由を考えるべし

実際に車中泊をしてみると、意外なほど車内が片付かないことに気づくはずです。フルフラットにしたシートの上に、布団や着替えを入れたバッグが並ぶと、ミニバンといえども狭さが際立ち、そこにジャケットが加わると、さらに雑然としたイメージが強くなります。考えてみれば、市販車には、荷物の収納場所がコックピット周辺以外にほとんどないのですから当然です。そこで、ハンギングポール（服掛け）や棚といった家庭にある収納機能をクルマにも付加したくなるわけですが、その前になぜ車内が片付かないのかを、もっと深く考えてみましょう。むしろ、収納機能を付加するのは最後でかまわないかもしれません。

そもそも車内が散らかるのは、収納機能が足りないからだけではなく、「収納場所がわからない」「収納力以上に物が多い」「物自体が大きすぎる」といった原因が考えられます。つまり機能を付加する前に、それらを改善しておかなければ結果は大きく変わりません。そこで具体的な対策を説明します。

ビジネス用語に「定物定位」という言葉があります。決まった物を決まった場所に常に収納しておけば、物のありかを探す手間がかからないという意味です。

　これを家族で出かける車中泊に当てはめてみましょう。すると、救急品や消耗品は決まった場所に、わかりやすい方法で収納しておけば、探さなくても取り出せて、車内が散らからないということになるわけです。

　筆者は、このような雑貨を種類別に分けて透明なビニールのポーチに入れ、それをバスケットにまとめて保管します。バスケットは収納場所のない物の一時預かり場所も兼ねています。

薬などの救急品を入れたポーチ。こうしておけば家族はもとより、一人旅で何かあった際でも第三者が見つけてくれるだろう

次は車中泊に持参する物を、用途と大きさに注目して見直してみましょう。皆さんはアーミーナイフという、キャンピングギアをご存知でしょうか。軍事用に開発されたこのツールには、ナイフとともにハサミやドライバー、コルク抜き、爪楊枝などがセットされています。ポケットに入れて持ち歩けるほどコンパクトで、このように多機能なアイテムが車中泊には適します。

またエコバッグは、買い物だけでなく、入浴時や洗濯時にも使える汎用性の高い袋です。このようなアイテムを積極的に見出し、取り入れていけば、荷物は自然に減っていくでしょう。

L.L.Beanも採用しているビクトリノックスのアーミーナイフ。これは「キャンパー」というタイプだ

そして最後が、収納機能の付加です。まずお勧めしたいのが、ホームセンターなどで手に入る半透明のボックス。バスケットと違うのは、二つを重ねたり、上にクーラーボックスなどが置ける点です。ミニバンなら、普段はサードシートの後ろの狭い空間に置いておき、シートを倒した時には、その下に並べて置けるくらいの大きさを選ぶと使いやすいと思います。

また、服を掛けるハンギングポールがあると、画期的に片付きます。ホームセンターでパーツを買い、自分で取り付けるとよいでしょう。防寒でフリースなどを吊るす際にも役立ちます。

車種によっては純正オプションにある場合も。滅多に使わないレインウェアなどは、リュックに入れて吊るすとかさばらない

作法二二——寛ぎアイテム、ノートパソコンの実力を知るべし

道の駅やサービスエリアを利用する車中泊では、夕食後に車内でできることに限りがあります。気候のよい時期なら、夜景を眺めたり、屋外のベンチで涼むこともできますが、雨の日や寒い日はそうもいきません。道の駅の休憩室は早々に閉まりますし、サービスエリアでも無料で心置きなく使えるスペースはほとんどないのです。そのため、大半の人は早い時間に寝てしまうか、温泉の休憩室でテレビや雑誌を見て時間を過ごしているのが現実です。

テレビについては、ワンセグの電波が届くエリアなら、対応する携帯電話やカーナビでも見られますが、それは都市部に近い場所だけで、確実に見られるのは自宅でメディアに録画してきた映画などです。

そう考えると一台で、ＡＶ（オーディオ・ビジュアル）機能やインターネット接続機能を装備し、大きな画面がついたノートパソコンが、今でも車中泊における一番の

寛ぎアイテムといえるでしょう。ノートパソコン用のワンセグチューナーは、一万円以下でも手に入ります。

なお、道の駅やサービスエリアでのインターネット接続については、イーモバイルなどと契約して端末を持参する方法や、無料で誰もが利用できる「フリースポット」などの公衆無線ＬＡＮサービスを利用する方法があります。ただしフリースポットに登録されている道の駅とサービスエリアの数は、二〇一一年一月現在でも約百数十か所とまだまだ少なく、利用時間も限られています。今はまだ「使えればラッキー」というレベルでしょう。

フリースポットの公式ウェブサイト。全国では約8000か所に対応。もちろん利用するには、無線LANに接続できるパソコンが必要になる

作法二三――環境を守る、シェルターの実力を知るべし

道の駅と違い、オートキャンプ場や特にキャンプ行為が禁止されていない場所では、何も狭い車内にこもって寛ぐ必要はありません。持参したテーブルや椅子を出し、夕食をしながらゆっくりお酒を楽しむなどして、眠くなればクルマに入ればいいのです。バックドアの下を利用すれば、夜露で髪の毛がベタつくのを避けられます。

またそこでは、他の宿泊客の寛ぐ様子が見られます。特にビギナーの方は、ゴールデンウィークや一〇月下旬の気候のよい時期を選んで、一度そういう施設に足を運んでみてください。河川敷やビーチ、あるいは湖畔などには無料の場所もありますし、一〇〇〇円程度で利用できるキャンプ場もあります。

車中泊のベテランと呼ばれる人たちは、道の駅やサービスエリアよりも、むしろそういった場所をよく利用しています。運よく隣同士になれば、様々なアドバイスや車中泊スポットの情報が聞けることもあるでしょう。多少離れていても、目が合えば挨拶をして話しかければよいのです。

さて、その際にあると便利なのが、屋根代わりになるサイドオーニングや、四方を完全に囲むことができるシェルターです。

サイドオーニングはコンパクトで出し入れも簡単ですが、風に弱く、寒さを凌ぐことができません。そこでお勧めしたいのは、厚いシートとメッシュの二重構造を持ったシェルターです。シェルターは虫よけ、風よけ、雨よけ、寒さよけになるだけでなく、朝まで椅子やテーブルを夜露から守り、生ゴミを野良猫や狸などから守ってくれます。特に、夏の北海道で長期間旅をしたいとお考えなら、シェルターは必需品でしょう。

スノーピークの「リビングメッシュエッグ」。ドーム型のシェルターで、比較的コンパクトに収納できる。クルマ旅向きのモデルだ

作法一四——ガイド本とウェブサイトの特性を理解すべし

さてここからは、車中泊はもちろん、クルマ旅全般の準備に役立つ話をしたいと思います。クルマ旅をする際に知りたいのは、まずは見どころやプレイスポットなどの観光地情報、次に特産品や美味しいお店などのグルメ情報、そして日帰り温泉情報、最後が車中泊スポットの情報でしょう。誰もがこれらの情報をもとに旅行計画を立てるわけですが、大半の人の情報源は、旅行ガイド本とウェブサイトだと思います。そこで最初に、両者の特性を整理しましょう。筆者は現在、雑誌とウェブサイトから様々な情報を発信しているのですが、両者は一長一短で、併用することによって「完全」に近い情報が得られます。

ガイド本の一番の利点は、吟味された情報が漏れなく盛り込まれていることです。なぜなら、本にはサイズと紙面の制約があるので、最初によく情報を整理し、要点を的確に把握することが求められるからです。その特性をうまく生かす方法は、最初にガイド本から行ってみたい観光地やお店をセレクトすることです。

一方、ウェブサイトの特性は、圧倒的な情報量とその鮮度にあります。ネット上にはガイド本とは比較にならない数の情報発信源があり、主観的な意見を日々アップロードしてくれているわけですから、賛否両論の声を聞くことができます。

それを活用するには、ガイド本から抜き出した情報を一件ずつ、ウェブ上の情報に照らし合わせていくことです。今は口コミ情報を集約しているウェブサイトがたくさんありますので、そこから新しい投稿を選んで閲覧していけば、行き先を短時間で絞り込むことができるでしょう。

筆者がこれまでに訪ねた道の駅などの車中泊スポットを集約したブログ（http://pcamp.blog65.fc2.com/）。他に、旅先・日帰り温泉・グルメのウェブサイトがある

作法一五――ツアーコンダクターのつもりで計画を立てるべし

情報収集のコツをつかんだところで、今度は具体的な計画の立て方についてお話ししましょう。考慮すべきポイントは四つあります。

まず、一日のうちで移動時間を含めて何時間くらい使えるのかということ。これは早起きできるかどうかや、クルマで寝るだけかPキャンをするか、といったスタイルによって違ってきますが、平均すれば八～九時間程度になるでしょう。

次が、調べておいた見どころやお店を訪ねる順序です。休日に他人と同じ時間に人気観光スポットへ行けば、当然待ち時間があります。ツアーと違って、食事や交通機関の制約を受けずに行動できる車中泊の強みを生かすなら、そういった場所は朝一番か、閉館直前に訪ねるのが得策でしょう。またその際に必要なのが、所要時間の見極めです。美術館や博物館なら、パネルを読み歩く見学時間は多めに見ておくべきですし、人気のお店では、駐車場に並ぶ時間を想定する必要があります。そうしないと、予定していた観光を終えずに時間切れになってしまう恐れがあるのです。

三番目のポイントは走行ルート選びです。使える時間内で、予定している訪問先をどう結んでいくのか…。費用を優先するなら国道を、時間を優先するなら高速道路を使うべきです。場所によっては、祭りやマラソンなどによる交通規制も加味して考えましょう。

最後に決めるのが、車中泊をする場所です。満車になっている可能性も踏まえ、複数の候補地があるエリアを選ぶのがセオリーです。なお、入浴は車中泊地へ行く前に済ませておく方が、そのあとの行動に影響が出ないと思います。

さて、話変わって、ツアーコンダク

長野県の道の駅白馬。人気の高い道の駅は、時間にかかわらず満車になる可能性が高い。全国からそこを目指してくる人がたくさんいることをお忘れなきよう

ターという職業があります。添乗員とも呼ばれる彼らの役割は、旅行会社が主催する団体旅行に同行し、観光案内や予約先との交渉などを行なうことです。一方、個人旅行でも同行者にガイドをし、レストランや遊覧船を予約する人が必要になることがあります。つまり、誰かがツアーコンダクターを務めなければなりません。とすれば、それは計画を立てる貴方の役目になるわけです。

もう一つツアーコンダクターには重要な仕事があります。それは旅行中の体調を含めた安全管理です。宿泊施設が安全を守ってくれるように、旅行会社が主催するツアーにも、旅先での安全を守るための仕組みがあります。しかし、車中泊もクルマ旅も、それには自分たちで対処するしかありません。何も起こらなければ、そのことにさえ気づかないかもしれませんが、常にリスクを意識して計画を立てておけば、いざという時でも冷静に対処することができるのです。

特に長旅の際は、体調管理に対する配慮が重要です。例えば、道の駅でも二四時間営業しているコンビニエンスストアの入ったところを選ぶというのもそうですし、無理に車中泊を続けるのではなく、適度に民宿やペンションなどでの宿泊を組み込むのも、リスク回避の一つの手段といえるでしょう。単純に行きたいところだけを選んだプランは、本当の旅の計画とはいえません。

最後に、クルマ旅の計画作りに役立つお勧めグッズを紹介しておきましょう。

それはカーナビ、中でもバッテリー内蔵のポータブルナビです。これのよいところは、自宅に持ち帰って、ガイド本やウェブサイトを見ながら、ルートを設定できる点です。

出発地・経由地・目的地をセットして、それぞれの区間の距離と所要時間を表示させて、様々なシミュレーションができます。確定したルートを保存しておけば、当日はそれを呼び出すだけなので、現地での作業も不要となり、運転中の安全性も高まります。

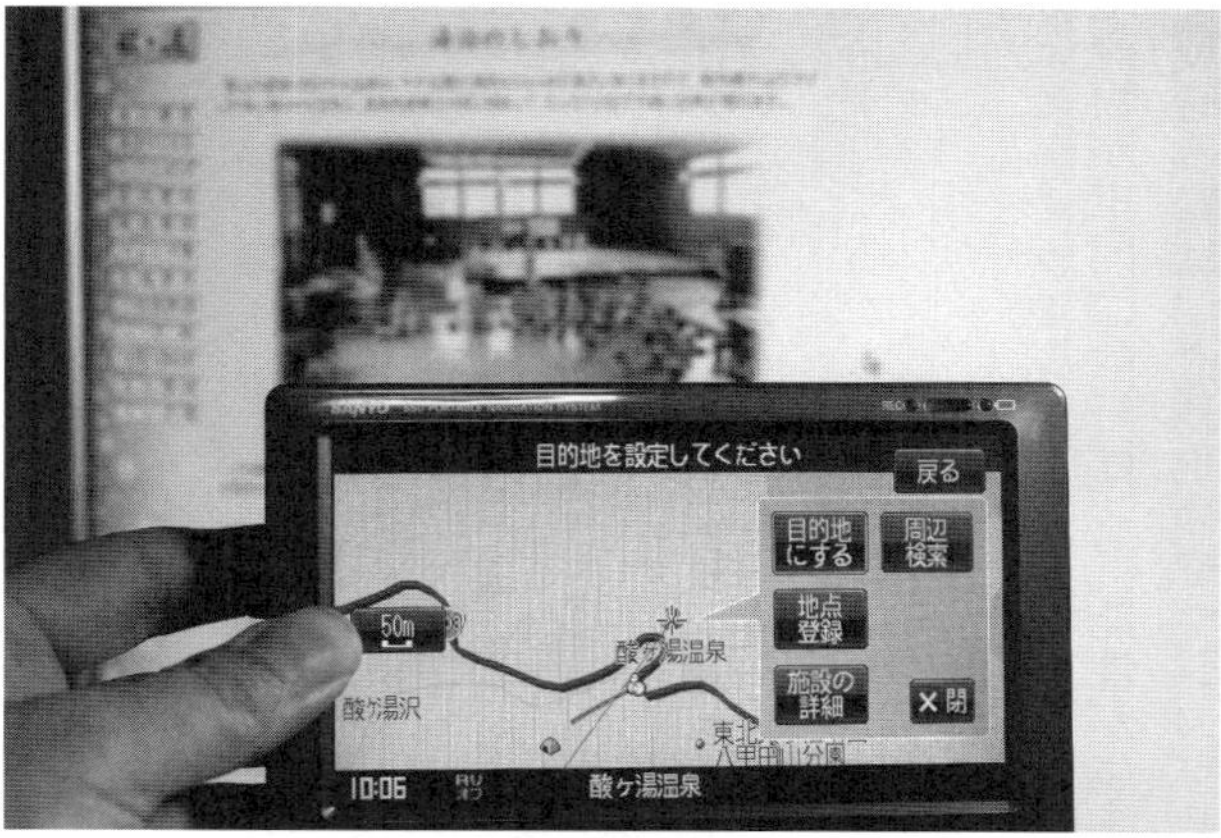

筆者が愛用しているのは、三洋電機「ゴリラ（Gorilla）」のポータブルナビタイプ。これを使って取材の計画を立てている

作法一六——パッキング予行演習の勧め

第二章は、荷物の積み込みに関する話で締めくくりたいと思います。車中泊の旅に出る時、出発地（自宅）で後部座席をベッド仕様にしていこうと思う方が多いでしょう。それがはじめてなら、どうパッキングをすればいいのか、あるいはどういう収納用品を使えばいいのか、手探りしながら進めることになります。たとえ二泊程度の車中泊の経験があっても、はじめて二週間の旅に出る時は、また同じことになります。

そこで、結論をいえば、少なくとも出かける二日前には、一度実際に荷物を積んでみることをお勧めします。その一番の理由は、もし荷物がうまく収まらない場合でも、ルーフボックスなどの収納用品を手配する余裕が持てるからです。また一般的なミニバンの場合、フルフラットにすれば、シート時よりも実効空間面積が増えますが、その半面、安定性はダウンします。つまり走行時に荷物が動きやすくなり、急ブレーキをかけると荷崩れや、バスケットが横転して荷物が車内に散らばる可能性が生まれます。ダンボールやプラスチック製のケースを載せる際は、滑り止めやマジックテープのベルトなどで、荷物を動きにくくする手立てを講じてください。できれば、シートの上にはボストンバッグやキャンバス生地のバスケット、トートバッグといった、柔らかくて滑りにくい収納用品を載せる方が安心です。

なお、パッキングの際に積んでおくと便利なのが、レジャーシートです。にわか雨に降られてドアを開け閉めする時に、降り込む雨から大事な荷物を守ることができますし、逆にシートの上に敷いて汚れを防ぐこともできます。雑巾類もお勧め。汚れを拭き取るだけでなく、荷物と車体の隙間を埋めるクッションとして使えます。

雪や雨の際には、レジャーシートをこのように使う。バネの強いクリッパーが必要だが、ゲレンデなどでも大いに役立つ作戦だ

コラム

サブバッテリーを検討している人へ

本文の中でも触れたサブバッテリーですが、実際に導入するならば、他にもぜひ知っておきたいことがあります。ここではそれを解説しましょう。

まずは、基本的な電気の単位をおさらいしてみます。

「アンペア」(A)は、電流、すなわち電線の中を流れる電気の量、「ボルト」(V)は、電圧、つまり電流を流す力(圧力)を示す単位です。わかりやすいように川に例えると、電流は川を流れる水の量、電圧は川の傾斜角度です。つまり、流れている電気の量がアンペア、電気の流れる勢いがボルトです。ここで重要になるのが、クルマで使うバッテリーと家庭の電源の違い。前者は、DCと略される直流電源一二Vのバッテリーで、ACの交流電源一〇〇Vに対応する家電を使う場合は、バッテリーの電圧を約八・三倍に増幅しなければなりません。そのための装置がインバーターです。もちろん増幅する分、電気はそれだけ早く消費されます。

もう一つ、よく使う単位が「ワット」(W)。消費電力を示す単位です。日本の電化製品は、その消費電力をワットで表示しています。電力は、電流に電圧を乗じた（かけた）ものですので、逆に、電力から必要な電流を割り出すには、

電力（W）÷電圧（V）＝電流（A）

と計算すればよいのです。例えば、六〇Wを消費する電気毛布に流れる電流は、家庭なら〇・六A。しかしバッテリーならば、約五アンペアが必要になります。この計算が、サブバッテリーにおける電化製品の使用時間を算出するキーになります。

そして、バッテリーの容量に使う単位が「アンペアアワー」（Ah）です。「一一五Ahのバッテリー」とは、一Aを消費する電化製品を一一五時間使用できるバッテリーだという意味です。

ただし、バッテリーは特性上一〇〇％まで充電することが難しく、また、前述したように、放電時には一二Vを一〇〇Vに変換するインバーターが必要です。大半のインバーターにはリミッターが内蔵されており、電気が空になる前に電圧が下がった時点で放電がストップします。この充電と放電時に生じるロスは、それぞれ二〇％程度といわれています。すると、一一五Ahのバッテリーで使える実質の容量は、理論値の八〇％の八〇％、つまり、七三・六Ahとなります。

ちなみに、「一一五Ah」という容量は、バッテリーの中でも、「ディープサイクルバッテリー」というタイプの製品がよく採用しているものです。

これは、繰り返しの充電・放電に強く、蓄電された容量を空近くまで使い切ることを前提に設計されたバッテリーで、一般的なカーバッテリーより、リチュームなどでなじみのある家庭用充電池にイメージは近いでしょう。加えてシールドタイプなので、充電時に有毒なガスが発生する心配がなく、ボンネットに搭載スペースのない車でも安心して車内に置くことができます。それらの理由から、キャンピングカーのサブバッテリーとして広く利用されています。

家電の稼働時間を計算

以上をもとに、1つの計算例として、「60Wの電気毛布は、115Ahのサブバッテリーで何時間稼働するか？」を考えてみましょう。まず、バッテリーで稼働させるのに必要な電流は、

60W÷12V＝5A

となります。次に利用時間を試算します。先ほどのロス率を反映させると、

115Ah×0.8×0.8÷5A＝14.72H

となり、この電気毛布は、フル充電でおよそ15時間使用できることがわかります。

第三章　目的別　実践の作法

作法一七——観光旅行で無理は禁物！　世話になったら還元すべし

この章からいよいよ、車中泊の実践的なコツや気をつけるべきことをお話しします。前述したように、車中泊は目的のための手段です。そこで、ここでは様々な目的を想定しながら、説明していきましょう。

まず知っておきたいのが、オーソドックスな観光旅行時の留意点です。観光目的で車中泊をする夫婦やファミリーには、まだ現役でお勧めになっている方々が多いのが特徴です。日程も二泊から三泊が中心のようです。一般的には、現在の車中泊ブームの中心的存在だと考えられていますので、この本に関心を寄せてくださった中にも、該当する方がたくさんいらっしゃるでしょう。

実はその「若さ」に、見落としてはならない落とし穴が潜んでいます。シルバー世代に比べて元気がある半面、多忙で時間が限られており、旅行経験や自由に使えるお金も多くはありません。それらが共通点で、予約が不要で節約のしやすい車中泊を、レジャーに取り入れるメリットが大きい世代でもあるわけです。

しかし、それは無理をしやすい状態であることと表裏一体です。つまり、時間がないために雑な荷造りをしたり、タイトなスケジューリングに陥ったり、必要以上の節約をしたりする可能性が高いのです。

それを未然に防ぐために、第二章にあった計画作りの作法をよく思い出してください。車中泊をする時点で、車中泊を取り入れない旅行に比べれば、十分に時間効率も節約度も改善されています。しかし経験を積むうちに、それが当たり前に感じられ、より高いレベルを追求してみたくなる…。そう思っても、絶対に無理は禁物です。

冬は積雪情報に注意。目的地がスキー場でなくても、峠のある高速道路でチェーン規制がかかれば、装備なしだと走れない

さて、世の中には経済効果という言葉があります。観光地でも、様々な収益が見込まれます。それは、ホテルや旅館の宿泊費だけではありません。観光客が増えれば、土産店や飲食店、あるいは駐車場や公共交通機関の利用も増えます。ゆえに、基本的には、日帰り客であっても訪れる人が増えることは喜ばしいはずなのですが、車中泊をする人は、必ずしも歓迎されているわけではありません。

その一番の理由は、「お金は落とさずゴミだけを置いていくから」だといわれています。この件については、地元、つまり受け入れ側にも問題があるでしょう。特に従来から観光客目当ての強引な勧誘と法外な料金設定を行なってきた地域では、旅行者が警戒して財布の紐を固く閉めるのは当然です。また往々にして、そういう地域ほど車中泊に対して厳しい対応をとっています。しかし長い目で見れば、そうすることで客足が遠のき、地域全体の活力が失われていくのは時間の問題。同じ観光地を訪ねるにしても、たいていの場合、宿泊地の選択肢は他にいくらでもあるのです。

ただし、全く逆の経済効果も考えられます。昔からお客様志向のスタンスを取り、駐車場も無料にして、手軽に立ち寄れる温泉や手作りの工芸品、加工食品を良心的な価格で提供してきた地域では、わずかなお金が節約されるだけでも、現状維持が困難になります。それは車中泊を続けたい人たち、そして、これから車中泊をはじめようとする人たちにとって、ある種の「環境破壊」にも通じるのです。

車中泊やクルマ旅の達人と称される人たちは、頃合というものを心得ています。今後も利用したい、なくなってほしくない場所では、あえて外食をしたり、お土産を買ったりします。逆に歓迎されない場所では、車中泊を行なわない…。どちらのタイプの観光地なのかは、現地に着けば肌ですぐにわかります。

車中泊で観光旅行をする際には、こういった環境に柔軟に対応することも作法の一つでしょう。

上高地へと向かう観光客が、24時間出入りできる長野県の沢渡市営第2駐車場。平湯温泉側のアカンダナ駐車場は車中泊を禁止している

作法一八――街歩きには、パーク&ライドを活用すべし

「パーク&ライド」をご存知でしょうか？　白川郷ライトアップのような大きなイベントや、人気の遊園地などでよく耳にする言葉です。これは、マイカーで最寄りの駅やシャトルバスの乗り換え駐車場まで行き、そこから公共交通機関を利用して目的地に向かう渋滞緩和のシステムです。観光地が密集する京都や長崎のような街では、イベントに関係なくこの手法を取り入れ、効率的に旅をしている人がたくさんいますので、ここでそのコツを少しご紹介したいと思います。

例えば、京都を観光するケースについて考えてみましょう。一般的なパーク&ライドなら、まず自分が行きたい観光地をピックアップし、それらにできるだけアクセスしやすい駅の近くの駐車場を利用して、行動するのが基本です。

このプランに車中泊を組み込む場合、午後から観光して車中泊をするか、車中泊をして午前中に観光を終える、という半日観光のスケジュールがお勧め。

前者なら、清水寺でライトアップされた桜や紅葉を眺めたり、木屋町や先斗町でお

酒を嗜んだり、といった夜ならではの楽しみを満喫できます。後者なら、込みやすい金閣寺を開門直後に訪ねるなどして、人気スポットを効率的に回るとよいでしょう。

ただしその際に、道の駅や公園の無料駐車場を利用するのは控えてください。これらの駐車場で長時間駐車すると、非常に迷惑です。また人気の少ない場所に駐車したまま、遠く離れてしまうと、車上荒らしに遭遇する危険性があります。こういったケースでは、駅前などにある有料駐車場を利用するのが無難です。事例が少ないので、京都の車中泊お勧めスポットを二件ご紹介しておきます。

パーク＆ライドなら、飲酒運転の心配がないので、居酒屋や屋台を回ることも可能。もちろん、食べ歩き・飲み歩きにもお勧めだ

車中泊やパーク＆ライドに使いやすい駐車場

※一般の駐車場なので、自炊などのキャンプ行為（P キャン）はできない

国立京都国際会館の駐車場。宝ヶ池の北東に位置し、市の中心部からは離れているものの、地下鉄の駅に隣接しており、銭湯も近くにある。料金は1日最大800円とリーズナブルで、24時間出入りが可能。三千院のある大原にも近く、そのまま鯖街道へ抜けられる

京都御苑の中立売西駐車場。徒歩圏内に地下鉄の駅があり、四条通にも近い。キャンピングカーも通れる、高いゲートに注目。料金は3時間以内500円（以降100円／1時間。入庫は朝7時40分から午後7時30分まで、出庫は24時間可能）

作法一九——気まぐれ旅の途中で、車上生活者になるべからず

桜前線とともに北上し、紅葉前線とともに南下する…。シルバー世代の中には、このように気まぐれ旅、自由旅、あるいはぶらり旅などとも呼ばれるスタイルを謳歌している人たちがたくさんいます。それ自体は素晴らしいことだと思うのですが、夏の北海道をめぐっていると、「なぜその場所で？　なぜその方法で？」と首を傾げたくなる車中泊に遭遇することが多々あります。

その最たる例が車上生活者。つまり、道の駅や公園の駐車場、あるいは港湾の一角に根を下ろし、クルマとともに生活してしまう人たちです。公共の場にあるトイレや水場で洗濯や炊事をし、犬や車まで洗うというのでは、呆れてモノがいえません。車中泊にあまりよい印象を持っていない地域というのは、多かれ少なかれ、過去にこのような人たちの洗礼を受けている可能性が高いのです。

長期間滞在するならば、キャンプ場を利用すべきです。それなら、有料、無料にかかわらず、何日間生活しようが、施設のルールに反していない限り自由です。

なお、車上生活が横行するような場所で気をつけていただきたいのが「濡れ衣」です。例えば、他の人が不法に投棄していったゴミの近くに駐車したために、自分がその責任を問われる、といったこともありえます。このような事態を防ぐためにも、キャンプ場以外の場所では、できるだけ長居をしないのが一番です。特に道の駅など、もともと車中泊のために作られたわけではない施設で、同じクルマがずっと同じ場所にあれば、非常に目立ちます。「それなら、人目につかない場所を探せばいい」と考える人がいるようですが、日本に所有者のいない土地はありません。つまり、空き地のような場所を利用して不法侵入者と見なされても、言い訳ができないのです。

さらに車中泊をしている人の有無にかかわらず、無料野天風呂の駐車場に居座るような行為も慎むべきです。それは行為そのものが不埒であるだけでなく、一般の利用者を不快にさせ、車中泊全般が悪い行為であるかのごとく印象を与えるからです。前述しましたが、私たちが利用できている場所は貴重な「環境」だと考えるべきで、今それを享受しているシルバー世代には、後進にその資産を引き継いでいただく義務があります。残念なことに現在はまだ、車中泊の環境破壊に歯止めがかかっているようには思えません。頃合を踏まえた使い方というものをもっと心がけていくべきです。

最後は一人旅をされる際の注意点です。それは、夏の道の駅などでよく見られる、Tシャツやタオルの車外干しはやめておくべきだということ。同行者がいれば、数日ごとにコインランドリーで洗うけれど、男の一人旅となると、ついつい簡単に済ませてしまいがち…。そんな方が多いのでしょう。

しかし、たとえTシャツ一枚でも、洗濯物を車外に干せば、周囲の人に生活臭を感じさせる大きな要因になります。洗濯は炊事と同様、キャンプ行為に該当しますが、それには干すことが含まれていることを忘れずに（もちろん、キャンプ場では許される行為です）。

貴重な車中泊環境が失われた北海道の事例。一人の心ない車中泊が、北海道にやってくる全国の人に迷惑をおよぼした

作法二〇――うまい店は、夕食時に攻略すべし

クルマ旅の中でも、特に多くの人に支持される車中泊＋グルメの旅。それには、主に二つのケースがあります。

一つは喜多方ラーメンや、出石皿そば、讃岐うどんのように、特定地域に集まるお店の食べ歩きです。この場合は、街歩きの項で説明したパーク＆ライド作戦が功を奏する場合があります。既に実践されている方ならご存知の通り、雑誌などに掲載され、名前の通っているお店はまず並ぶことからはじまります。クルマの置き場所にまごついているようでは話になりません。事前にお店に電話をして、隣接する駐車場の様子を確認しておくことが大事です。友人や家族と行く場合は、可能なら一台に便乗していくとスムーズですし、場合によっては多少離れた場所から歩く覚悟が必要でしょう。

もう一つは全国に点在する名店の食べ歩きで、周辺の観光と組み合わせながら、コツコツとめぐる人が多いようです。その場合でも基本は同じ。人気店で昼食をとりたいなら、一一時くらいからお店に並ぶつもりでちょうどよいと思います。

グルメ旅のポイントは、ツアー団体客との遭遇をいかにうまく避けるかです。しかし、昼食時だと、多少時間をずらすのが関の山。

そこで試したいのが「本命のお店では夕食を食べる」という方法です。大半のツアー客は夕食を宿泊施設内でとるので、その外にあるお店は、お昼に比べて圧倒的に空いています。多少高くつくこともありますが、車中泊ならではのアドバンテージが生かせます。

事前に予約を入れておけば、より効率的に時間が使えるでしょう。近くで宿泊できないけれどお酒を飲みたい、という時は、タクシーなどを利用してください。

尾道にある人気のラーメン店「朱華園」に並ぶ観光客。午後2時になっても、いっこうに行列が途絶える様子はない

さて、ラーメン店やうどん店が集まるエリアで夕食をとったら、多少遠くても道の駅などに移動し、ごく普通に車中泊をすることができると思います。一方、全国の名店めぐりの場合は、街歩きと同じく、駅前などの有料駐車場が主な車中泊地になるでしょう。

冬の間、あるいは夏以外の雨の日は、立体駐車場や地下駐車場を利用すると便利です。普通車であれば高さ制限を気にしなくてよく、観光地であれば昼間より割安な夜間料金が設定されているところもあります。ただし、夏は暑くて危険ですので、風通しのよい場所をお選びください。

長崎市内のグラバー園に近い立体の市営駐車場。すぐ隣はちゃんぽん発祥の店として有名な「四海楼」。屋根が高く、夜間料金の設定もある

行きたいお店が街中にあり、近くに入浴施設や夜間料金設定のある駐車場が見つからない場合は、車中泊に固執せず、格安のビジネスホテルを利用することも検討しましょう。例えば、全国に展開する「スーパーホテル」には、セミダブルベッドの上部にシングルベッドを配置した「スーパールーム」と呼ばれる部屋があります。地域やプランによって料金は異なりますが、夫婦と小学生の子供で利用しても、朝食と温泉がついて一泊七〇〇〇〜八〇〇〇円前後。温泉代や駐車場代、朝食代を合計すると、むしろこのホテルで泊まる方が安くつくかもしれません。

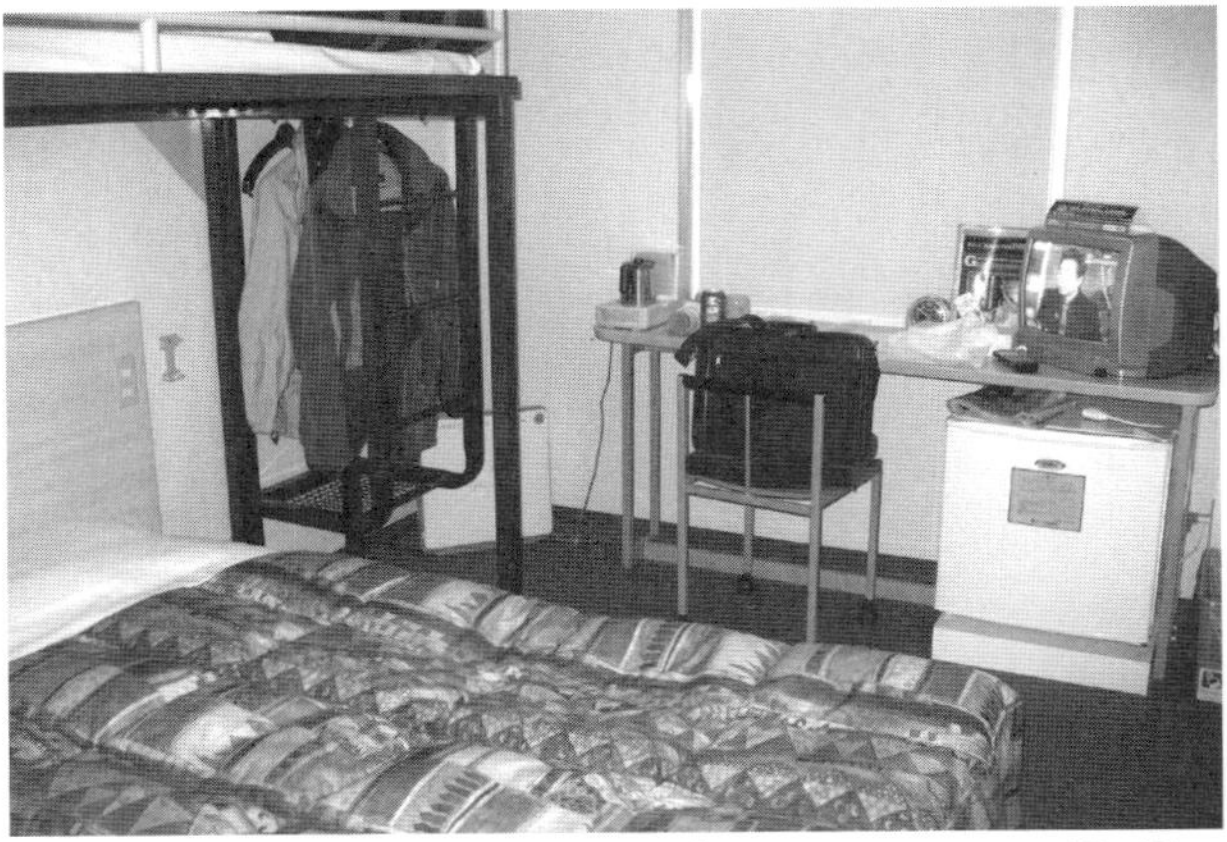

富山県にある「スーパーホテル高岡駅南」のスーパールーム。駅に近い好立地ながら、宿泊費は格安（各種プランあり）。ただし別途駐車料金が必要

作法二二――温泉地のタブーをおかすべからず

温泉をめぐる旅にも、グルメ旅と同じく人気があり、二つのケースに分類されます。まず一つは、人気の温泉をコツコツと訪ねる旅です。例えば、函館の水無海浜温泉、然別の鹿の湯、屈斜路湖のコタン温泉露天風呂、そして知床の三段の湯など、北海道に点在する無料の野天風呂をめぐるコースなどがそれに当てはまります。また、日本三美人の湯として知られる和歌山県の龍神温泉や、日本三古湯に名を連ね、共同浴場番付では西の横綱とも称される愛媛県の道後温泉など、全国各地にある有名な温泉地の元湯あるいは総湯と呼ばれる日帰り温泉施設を訪ねる旅もそうでしょう。

繰り返しになりますが、無料温泉の駐車場での車中泊は、一泊であっても控えてください。車中泊が認可されていれば別ですが、車中泊禁止の看板がなく、誰かが先にそうしていたとしても、けしてよいお手本ではありません。真似をしないことがよくない連鎖を断ち切るためには大切です。また、秘湯と呼ばれるような温泉には、できるだけ明るい時間に訪ねましょう。

もう一つ、知っておきたいのは、無断で温度を調節してはいけない温泉があるということです。

例えば、北海道にある無料の野天風呂の多くは地元の方々が管理をしてくれていますが、時々観光客が湯船に勝手に水を入れてぬるくしてしまい、トラブルになっているようです。確かに、熱すぎて入れないくらい温度の高い温泉もありますが、郷に入りては郷に従うのが作法ですので、確認せずに調節するのは控えましょう。誰もいない場合には、しばらく人を待ってみてください。特に羅臼の熊の湯など、マナーに厳しいことで有名な場所では、慎重な行動をお勧めします。

熊の湯は、国設羅臼温泉野営場の道路向かいにある無料の野天風呂。キャンプ場の駐車場では車中泊が可能で、昔から旅人に人気がある

もう一つのタイプの温泉めぐりは、群馬県の草津温泉や兵庫県の城崎温泉のように、外湯を有する温泉地に行く旅です。草津温泉には一八軒もの外湯があり、全て無料で利用できますし、城崎温泉では七つの外湯を一日一〇〇〇円で回れるフリーパスがあります。

このように外湯めぐりができる温泉地には、宿泊客だけでなく多くの日帰り客が集まるため、低料金で利用できる公共駐車場と、食事処、さらには歴史や文化に関連する資料館などが揃っています。はじめて温泉めぐりをされるなら、車中泊に適する環境の整ったこういう場所をお勧めします。

城崎温泉の外湯では最も新しい「御所の湯」。料金は800円だが、「ゆめぱ」と呼ばれるパスポートを使えば1000円で他の外湯も回れる

しかし、温泉地の中には個々の旅館が頑張って人を集めているところもあります。熊本県の黒川温泉には、日帰り施設はありませんが、温泉手形を発行し、各旅館の温泉を割引価格で外来できる仕組みがあります。ただ、旅館以外の施設は駐車場と土産店などのお店しかありません。基本的には、宿泊客をもてなすための街なのです。

このような温泉地に車中泊がマッチしないのは明らかです。旅行者に多くの恵みを与えてくれる車中泊ですが、それは場所によりけりです。相手の意向や環境を踏まえ、場所をよく選んで利用するようにしましょう。

黒川温泉の駐車場があるふれあい広場。休日は他に臨時駐車場が開設されるほどの混雑ぶり。車中泊などできる雰囲気ではない

作法二三——レジャー地では、近隣住民の気持ちを察するべし

これまで紹介してきた以外に、車中泊を利用して楽しむレジャーで人気があるのは、東京ディズニーランドのような遊園地や、花火大会などのイベントです。

東京ディズニーランドに関しては、来園者向けに幾つかの駐車場が用意されていますが、基本的に、入庫できるのは開園二時間前からとされており、車中泊はできません。ただし週末は、深夜一時過ぎになると遠方から車が続々と到着してくるので、駐車場の入口前に並んで待つことができるようになっています。しかし、そのせいで通行者からの苦情が絶えず、やむなく予定時間前に駐車場を開けているのが実情のようです。車中泊で東京ディズニーランドを訪ねたい方は、前夜には現地まで行かず、周辺の道の駅やサービスエリアなどを利用するようにしてください。そもそも、いつ開くともわからない駐車場の前に路上駐車しながら待っていたのでは、当事者も落ちついて寝ることができません。東海以西から東名高速道路を使ってアクセスするのなら、お風呂のある足利ＳＡを利用してもよいでしょう。

近隣の住民や通行者からの苦情が絶えないのは人気のイベントも同じです。こちらは開催の日時が決まっていて、まず大混雑は避けられません。イベントの数日前から様々な規制がかかりますので、事前に確認することが重要です。

例えば、毎年八月に秋田県の大曲で開催される花火大会では、車中泊のできる駐車場にも、クルマが殺到します。二〇一一年から、事前にインターネットで抽選を行なうという話もあるほどです。ちなみに二〇一〇年の一〇〇年記念大会には約八〇万人の見物客が訪れ、車中泊ができる駐車場は二日前にはほぼ満車になりました。

大曲の花火大会のために河川敷に用意された、仮設オートキャンプ場の一角。実に3000台を収容したというが、2日前にはほぼ満車状態に

作法二三――山歩きをするなら、早め早めに行動すべし

さて、ここからはアウトドアの旅についてお話ししましょう。車中泊のルーツがアウトドアにあることを前述しましたが、その中でも山歩きは、中高年に最も人気が高い趣味の一つです。これまでは日帰りで、あるいはビジネスホテルや山小屋を利用して山歩きを楽しんできたが、クルマの買い換えをきっかけに車中泊をはじめたいという人も、きっと多くおられるはずです。それこそが車中泊をはじめるに相応しい動機。できれば、この本をご覧になってから、車種をお選びいただけると幸いです。

さて、山に登りたくてクルマの中で泊まる時、どこに駐車すればよいでしょう。道の駅やサービスエリアは、山から山へと移動する途中や下山後に利用することはあっても、メインの宿泊地にはなりません。前日には、登山口にある駐車場に泊まるのが普通です。そしてほとんどの登山口は、食堂やコンビニエンスストアから離れた場所にありますので、自炊が必要。Ｐキャンをすることになるわけです。

登山口の駐車場には、Ｐキャンを容認しているところがたくさんあります。特に日本百名山に名を連ねているような山には、「夜明けから登りはじめよう」という人が全国から集まりますので、自炊を禁じていては、彼らが食事をすることもままなりません。

しかし、Ｐキャンを容認してくれる最大の理由は、利用客がその方法やマナーをよく知っているため、ゴミの不始末や水場を詰まらせる心配がないからだと思います。ちなみに、最初は道の駅もＰキャンを黙認していたのですが、規則やマナーを守れない人たちが増え、現在のようになってしまいました。

日光にある戦場ヶ原行きのバス乗り換え駐車場。節度を守れば、朝晩に椅子とテーブルを出して食事をしても特に咎められることはない

さて、山歩きが趣味で、既に登山用の調理器具をお持ちの方もいらっしゃると思います。しかし、Pキャンではあえてそれらを使わず、大きめの鍋とカセットガスコンロをお使いになる方がよいでしょう。その理由は三つあって、一つ目は、山歩き用にセットしたリュックをそのままにしておけること。二つ目は、その中のコッヘルやシェラカップを汚さずに済むことです。そして三つ目、一番の理由は鍋料理がしやすいことにあります。山登りに備える前日は、お肉や野菜がたくさん食べられるお鍋が簡単でお勧めです。食べる量も調節でき、生ゴミがほとんど出ません。

お勧めの調理器具は、真空保温調理鍋。2重構造になっており、あまりガスなどを使わずに煮炊きができる。アウトドア向きのスグレモノ

最後に忘れてはならないのが、「山歩きは遅くとも三時に終了させる」ということ。特に夏山では、夕方から雷雨になることが多々あります。それを避けるためにも、早めに山小屋に入るか、下山するのがセオリーです。

このことは駐車場の空車時間にも影響します。登山口の駐車場には、山小屋泊まりの人のクルマも停められていますので、毎日全車が出ていくわけではありません。夕方の空きが出る時間帯に到着し、明るいうちに夕食を済ませて、早めに床につく…。道の駅を使った旅より、二時間以上繰り上げたスケジュールで行動してください。

北アルプスの槍ヶ岳に向かう途中。ここで雷を伴う夕立に遭遇すれば、避難するところはどこにもない

作法二四——釣り人は、ゴミ・トイレ対策を講ずるべし

山歩きと同じく釣りを趣味にしている人の中にも、クルマを使って泊まりたいと考える人がたくさんいます。筆者は渓流釣りも海釣りも嗜みますが、車中泊やPキャンは、釣りに最も向いていると感じます。

昔から釣りの世界には、「朝まずめ、夕まずめ」という言葉があります。朝と夕方に魚の捕食活動が活発になり、よく釣れるということが知られているのです。ですから、早朝に川や海に行って釣り、食いが止まる日中は休憩しながら体力を温存し、日没前に再び竿を出して、暗くなる頃に家路に着くのが一般的です。

しかし、車中泊を取り入れると、右記よりスケジュールを半日ずらせます。週末なら、土曜日の夕方に現地に到着し、釣りをはじめます。そのまま暗くなって仕掛けが見えにくくなれば、いったん眠り、翌朝早く再び釣りをして午前中に引き上げるのです。こうすれば釣れるポイントも空いていますし、圧倒的に有効に時間を使えます。加えて日曜日の夜には、鮮度の高い魚が食卓に並ぶのですから、申し分ありません。

とりわけ、車中泊を取り入れて手軽に楽しめるのは海釣り。港や堤防のある公園がお勧めです。特に、港の岸壁までクルマが乗り入れられるところなら、竿を片付けずに車中泊をすることが可能です。しかも、中にはトイレが完備され、温泉にも近いというロケーションに恵まれた場所もあり、休日はファミリーで賑わっています。

もちろん足場のよい埋め立て地なので、大物は期待しにくいのですが、初夏から秋にかけてはアジやイワシのサビキ釣りや、キスやハゼの投げ釣りができます。冬はカレイやガシラなど、煮付けにすると美味しい魚が狙えます。

丹後半島の浅茂川漁港。すぐ近くに温泉もある便利なロケーション。丹後半島にはここだけでなく、同じようなポイントが点在する

海で釣りをする時に気をつけたいのは、まず、漁師さんの邪魔をしないことです。特に漁港の場合、休日ならほとんど船の出入りがないと思いますが、平日は操業しています。釣ってもよい場所を事前に確認してください。

次に、ゴミの処分です。海にはゴミ箱がほとんどありません。最初から出したゴミを持ち帰るつもりで準備を整えることが肝要です。特にサビキ釣りに使うアミエビの袋は、そのままだと匂いますので、一度水で洗ってバケツなどに入れ、持ち帰る必要があります。水道水をペットボトルに入れて持参すると大いに役立ちます。

バッカン。本来は撒き餌を入れるケースだが、防水仕様で蓋もあり、ゴミを持ち帰る際に便利。安いものなので、用意しておくと重宝する

釣りの話の最後は、トイレに関すること。特に渓流では、トイレに困るものです。アマゴやイワナが生息するような川の最上流部には、キャンプ場がなく、従ってトイレもほとんどありません。そういった場所で車中泊をする際には、ポータブルトイレがあると便利です。しかし、キャンピングカー用品だと、安いものでも一万円近くします。

一方、防災用品に目を向けると簡易ながら使い捨てのできる商品が手軽な値段で売られています。女性を同伴して釣りやカヌーなどに出かける男性には、こういうアイテムを用意しておくことも、大切な作法でしょう。

組立式簡易トイレのプルマル。尿を凝固剤と高分子ポリマーの吸水樹脂でゲル状に固め脱臭する。値段は5回分で3000円前後

作法二五——スキーヤーは、ゲレンデ選びを軽んずべからず

スキーやスノーボードを楽しみたい人にとっても、車中泊やPキャンは大きな武器になるはずです。その最大の魅力は、コストパフォーマンスでしょう。家族四人で一泊二日のスキー旅行に出かければ、宿泊代だけでも五万円近くはかかります。それが車中泊だと食事代から入浴代、駐車場代まで入れても一万円ほどで済むのですから、インパクトは絶大です。宿に泊まることを考えれば、確かに面倒な点は多々ありますが、それを補って余りあるコストパフォーマンスだと思います。

他に車中泊をすることで得られるのは、釣りと同じく、他の人と行動時間をずらすことによるメリットです。

週末を利用する場合、金曜日に仕事が終わってからすぐ出発し、夜のうちにゲレンデに到着します。そして、十分に睡眠をとったうえで、朝一番にはゲレンデへ…。土曜日は丸一日、スキーを楽しめるのです。翌朝、帰路につけば、高速道路の渋滞に遭う心配もなく、後片付けをする余裕も生まれます。

ただし、この時重要なのが、ゲレンデ選びです。車中泊に適しているスキー場とは、駐車場の近くに、入浴施設や二四時間利用できるセンターハウスがあるところです。理由は、一度車中泊に適した「一等地」を確保すれば、クルマを動かさずにトイレや休憩室が自由に使え、入浴や食事に出かけられるからです。たとえ大きな無料駐車場があっても、そこと各施設が離れているゲレンデは、車中泊をするのに何かと不便です。長野県の白馬エリアであれば、鹿島槍スキー場（鹿島槍スポーツヴィレッジ）のように、コンパクトに施設がまとまっているところがお勧めです。

鹿島槍スキー場にある、電源付きの駐車区画。1泊2000円などだが、電気毛布やセラミックヒーターなどの暖房器具が使える

ゲレンデで車中泊をする際には、上手な場所選びだけでなく、積雪・凍結への備えも重要なポイントになります。寒さ対策については第二章でご紹介しましたが、ゲレンデではプラスアルファの装備が必須。ちなみに、雪になじみのない都会人がいきなり乗り込むのは無謀です。まずは雪のない場所で、冬の車中泊の経験を積み、寒さに慣れることからはじめましょう。特に一月後半から二月中旬にかけては、氷点下一〇℃近くまで気温が下がることも珍しくはありませんので、十分な備えが必要です。

さて、具体的な積雪・凍結対策を見ていきましょう。まず足元については、スタッドレスタイヤを強くお勧めします。実際の雪道は雪があったり、なかったりの繰り返し。チェーンだと、装着しやすく衝撃が柔らかいゴム製の最新製品でも、極めて走りにくいものです。スタッドレスタイヤは、無駄に時間を消費しない有効な手立てにもなるでしょう。

また、除雪用のスコップと、屋根の雪を落とすモップ状の棒を持参してください。さらに、氷を溶かす融解スプレーと、付着した氷を削るスクレーパーも用意しましょう。これらは、雪国のホームセンターによく置いてあるので、自宅近辺に加え、道中で探すのも手。また車内に吹き込んだ粉雪を掃く、短い箒があると便利です。

なお、雪の中でエンジンをかけて眠るのは危険ですので、絶対におやめください。マフラーが雪に埋まれば、排気ガスが車内に逆流して、一酸化炭素中毒の原因になります。雪国の人がこの事故に遭うのは、雪の積もるスピードが想像以上に速いからに他なりません。熱を持つマフラーでも、深々と積もる雪には埋まってしまうことを、肝に銘じておきましょう。

万が一、そのような事故が起きれば、自分たちが不幸になるだけでなく、多くの人に迷惑がかかります。車中泊の作法の原点は、リスクマネージメントにあるといっても過言ではありません。

積雪が1mを超えるゲレンデで、いったん雪が降りだせば、瞬く間にこのような状態に。クルマが埋まれば換気もできない

作法二六——写真を撮りに行くなら、情報収集を怠るべからず

写真撮影を趣味にする人の中にも車中泊をされる方がたくさんいます。岬や峠、湖畔などの朝日が美しい撮影ポイントの駐車場は、週末の夜から車中泊をして待つカメラマンで賑わっています。特に春から夏は、日の出までに現地に到着するのが難しいため、込み合います。

典型的な事例は「ダイヤモンド富士」でしょう。これは、富士山の山頂に日が昇るか沈むかする現象。特に、静岡県の朝霧高原近くにある田貫湖畔では、それが湖面にも映って「ダブルダイヤモンド富士」となります。例年四月と八月の早朝に見られるのですが、その前日の夕方には、大勢のカメラマンが全国から続々と駐車場に集まり、Pキャンをしています。

また野鳥を撮影する人も車中泊を利用し、各地の珍しい鳥を撮影するための遠征に出かけています。例えば真冬の琵琶湖は、カムチャツカ方面から飛来するオオワシやオジロワシが日本で越冬する南限といわれ、毎年シーズン中は遠い四国や九州からも

多くのバーダーが訪れます。

その他の被写体としては、花や鉄道、建造物、祭り、夜景などが挙げられます。

いずれにしても写真撮影では、情報収集力がモノをいいます。往々にして、よい撮影ポイントは決まっており、出かける前にインターネットなどでしっかり下調べをしておかなければ、まず思うようなカットは撮れません。

また現地で撮影に集中するには、事前に入浴施設や車中泊地も調べておくことが大切です。

特に夜景や花火などの夜間撮影を予定している場合は、明るい時間帯に現地を下見しておくことをお勧めします。

12月の神戸の街の風物詩、ルミナリエ。その会場へ歩いて行ける一等地に、車中泊もできる利便性の高いパーキングがある

もう一つ、写真撮影における車中泊の秘訣があります。それは、お弁当などの食事を事前に用意しておくこと。特に朝夕にシャッターチャンスが訪れる被写体を狙う場合は、車中泊地の近くにお店がないのが普通です。かといって駐車場を一度空けてしまうと、今度は満車で停められなくなることも考えられます。慣れていれば自炊も悪くはありませんが、栄養のバランスとゴミの観点からすれば、お弁当を食べるのが一番無難です。

夏場は食中毒にならないよう、保冷のできるクーラーボックスなどに入れ、冷たい飲み物と一緒に保管するようにしてください。

２人の場合は、同じ種類の弁当を買うとパッケージが重ねられるので、ゴミの量が半分で済む。ゴミはまず捨てられないと思っておくこと

最後に、車内でデジカメの充電ができる便利なツールをご紹介しておきます。最も簡単なのは、シガーソケットを通じてクルマのメインバッテリーに充電器をつなぐ、カーインバーターです。これにはコンセントがついていますが、最大一〇〇Wほどの容量しかありませんので、デジカメや携帯電話の充電程度にとどめてください。オートバックスなどのカー用品店で手軽に入手できますので、一つあると重宝します。

もう少し余裕が欲しいという場合は、ポータブル電源と呼ばれるサブバッテリーの利用がお勧めです。

クルマのメーカーオプションとして用意されているカーインバーター。シガーソケットに接続する外付けタイプと基本の仕組みは同じ

コラム

トイレのチェックは重要

旅の道中や車中泊をしたい場所にトイレが見つからないことも、クルマ旅ではよくあります。特に北海道や離島のようにお店が少ない地域では、トイレに合わせて休憩するように心がけるのが最良の方法です。万一の場合はコンビニエンスストアを探すのが妥当な策だと思いますが、見当たらなければ国道沿いに多いパチンコ店も、きれいなトイレが借りやすいお店の一つです。

公園などの無料駐車場で車中泊をする際に気をつけることは、まずトイレがあっても夜間使えるかどうかをチェックすること。これは、入口にシャッターなどがあるかどうかで判断できます。ただトイレは使えても、夜間は照明が灯らないという場合もあります。その場合はたいてい張り紙がしてあります。そして最後がペーパーの有無です。また駐車場内にトイレがなくても、徒歩圏内にコンビニエンスストアがあるようなロケーションは意外に多く、そういうところは穴場です。場所探しに困った時は、場内のトイレの有無だけにとらわれず、周囲の状況にも目を向けてみましょう。

凍結対策に関する補足

真冬の車中泊では、凍結に対する厳重な備えが必要です。特に普段、雪の降らない地域にお住まいで、ディーゼルエンジン車に乗られている方は、寒冷地に行かれる際には、現地のスタンドで給油をするようにしてください。軽油はガソリンと違い、凍結しやすい成分が含まれており、雪国では、寒冷地仕様の軽油が販売されています。できるだけそれを満タンで給油するようにしてください。またウインドウウォッシャー液は通常よりも原液の割合を多くし、できれば予備として、五〇〇ccのペットボトルなどに入れて持参することをお勧めします。

寒冷地で車中泊をして朝起きた時には、まず、窓ガラスの結露が凍りついています。そのため、夏のようにすぐに発進できる状況にはなりません。マフラーが雪に埋まっているようなことがなければ、まずはエンジンをかけてエアコンをDEFにしておき、融けるまでの時間を利用して車内を片付けるようにしましょう。ただしDEFでスライドドアの窓は融かせませんので、結局はぬるま湯を作って内側から拭くしかありません。運転時には後方の目視が、どうしても必要になりますので、お湯を沸かす装備と雑巾を多めに持参していく必要があります。またゲレンデでは既に寝る前に凍結してしまい、シェードの吸盤が利かないこともありますので、その際にも役立ちます。

なお、雪の中を走行していると、外気の変化によって車内の窓ガラスが極めて曇りやすい状況になります。その際はDEFで曇りを取るのが常識ですが、間に合わないと感じたら窓を全開にしましょう。それで視界を確保したら一度クルマを停めて、曇り止めスプレーを使って丁寧に窓を拭き、最後に乾拭きをすると、かなり曇り方が改善されます。

通常の軽油は氷点下になるとシャーベット状に凍るため、燃料パイプ内で目詰まりを起こしてエンジンが止まったり、かからなくなりやすい

第四章 車中泊地別 実践の作法

作法二七——道の駅とは何かをよく知るべし

第一章で、道の駅が車中泊のための施設ではないこと、全国どこでも統一された規則で運営されているわけではないという話をしました。そこで今、どのように利用すればいいかを知るためにも、状況をもう少し掘り下げて見てみましょう。

そもそも道の駅とは、国土交通省（当時の建設省）によって登録された道路施設のことです。道路利用者のための「休憩機能」、道路利用者や地域の人々のための「情報発信機能」、そして地域の町同士が連携する「地域の連携機能」という三つの機能を果たすことを目的にしています。

そして道の駅での車中泊の可否は、それが道路利用者のための「休憩機能」の範疇に入るか入らないかを判断する、各駅の責任者の見解によって分かれるわけです。しかし、現実的には長距離を運転するドライバーに、「休憩と宿泊は違うのだから、ここで寝ないでください」というわけにはいかないでしょう（ちなみに、「仮眠してよい」としている道の駅もありますが、仮眠は曖昧な表現であって、現実には利用者を悩ませる一つの要因になっていると思います)。

以上から、ブームに関係なく客観的に見ても、「クルマの中で寝るだけ」の行為については、容認されるのが妥当です。道の駅が文字通りの「車中泊」を拒否すれば、それは、道路利用者のための「休憩機能」を自ら放棄することになりかねません。

現段階において、道の駅で車中泊をするなら、車中泊をしない他の利用者の迷惑にならないことを、強く意識することが大切です。

国土交通省の見解は?

報道によれば、国土交通省は、二〇一〇年の秋に東北地方で行なわれた車中泊に関する社会実験をもとに、今後、トラブル防止のためのルール作りに取り組むようです。これは、道の駅「いいで」(山形県飯豊町)と道の駅「よつくら港」(福島県いわき市)で一〇日間にわたり、車中泊専用のスペースや流し台を設置して、利用者への聞き取り調査を行なったものです。国土交通省が、NPO法人や地元自治体などで作る東北「道の駅」車中泊研究会に委託して実現しました。進歩的な取り組みだと思いますが、その前に「車中泊という行為」についての統一見解を明確に示してほしいというのが筆者の本音です。

多機能を有する道の駅は、利用目的が絞られたサービスエリアやオートキャンプ場とは異なり、ツアーの団体客から、併設の野菜直売所で買い物をする近隣の人まで、様々な人が利用します。

そう考えると、仮に車中泊の受け入れが公式に容認されたとしても、宿泊者が自由に寛ぐような環境にはなりにくいでしょう。

道の駅に炊事場やコインランドリーの設置を求める意見もありますが、それ自体が社会システムへの認識が足りない結果だと思います。繰り返しになりますが、道の駅は、オートキャンプ場のように使うための施設ではないのです。

道の駅の中には、オートキャンプ場を併設しているところもある。このように泊まる場所を明確に道の駅と分離するのが理想的だ

以上を踏まえて最後に、現状において道の駅の一般利用者に迷惑をかけない、具体的な方法をご提案したいと思います。

一番簡単なのは、食事や団欒をする場所と就寝場所を別々にすること。特に、日帰り温泉施設が隣接している道の駅を利用するのがお勧めです。

このような施設には、おおむね食事処や休憩室もありますので、そこでのんびり時間を過ごし、クルマに戻れば寝るだけと割り切れば何も問題はありません。中には温泉の休憩室が午後一〇時まで使え、食事や料理の持ち込みが許されているところもあります。

長野県にある道の駅信州蔦木宿には、「つたの湯」が隣接。道の駅の横には川が流れ、河原では無料でオートキャンプも楽しめる

作法二八——オートキャンプ場では、テント客に注意を払うべし

第一章でも述べた通り、水洗トイレや電源、給湯設備が完備されている現在の高規格オートキャンプ場では、レイアウトもシステムも、車中泊よりテント泊向けに作られています。わかりやすくいうと、車中泊旅行者からすれば、リゾートホテルや温泉旅館のような存在です。たまにのんびりするのはよいとしても、長旅で毎日利用するには贅沢すぎるのです。欲しいのはビジネスホテルのように素泊まり感覚で利用できる簡易施設。かつて河川敷やビーチでよく見かけた、一人数百円で泊まれる低規格オートキャンプ場です。

もしそういう施設が道の駅と同数だけあったとしたら、前項で触れたような社会実験は不要だったでしょう。今の道の駅は、車中泊旅行者からその代用にされているにすぎません。本当に必要なのは、クルマだけでなく、バイクや自転車に乗る人も含めて、低料金でオートキャンプができる施設の拡充です。

ここでは、その前提に立って利用上の作法を考えたいと思います。なぜなら日本には、少しリニューアルをすれば車中泊向けのオートキャンプ場になる、古い施設がたくさん残されているからです。

一〇〇〇か所近い道の駅全てが、車中泊に適した施設に変わることはないでしょう。車中泊をする利用者より、それ以外の利用者が圧倒的に多い現状では、そうするべきだとも思えません。

それよりも、時代の趨勢にそぐわなくなった公共レジャー施設を、手軽に使えるカタチにして再生すべきです。実際、少しずつですが、そのような場所も増えています。

筆者が提案して車中泊向けのオートキャンプ場に切り替わった、てんきてんき丹後オートキャンプ場。料金やシステムを変更するだけで再生に成功

さて、オートキャンプ場で車中泊をする際の留意点は、「音」です。オートキャンプ場にはテントで寝ている人がいますが、テントには、クルマとは比較にならないほど音がよく通ります。ゆえに夜の一〇時以降は消灯するのが基本。それから夜明けまでは静かにしているのがエチケットです。特に深夜にトイレなどを利用する場合のドアの開け閉めには細心の注意を払いましょう。もちろん、エンジンをかけて冷暖房を入れるのは、騒音だけでなく排気の面からも厳禁です。夏は網戸を使い、冬は電源のあるオートキャンプ場に入って電気毛布などの暖房器具をお使いください。

オートキャンプ場の利用について、もう一つ注意したいのが、ペットの同伴です。これに関しては、「ペットOK」とあっても使用できる場所が限定されるケースもあり、施設によって対応が違いますので、出かける前にチェックが必要です。特にコテージは不可となっている場合が多いので、ご注意ください。

また、人気のオートキャンプ場には予約が必要です。三か月前の月はじめか同日が予約の開始日になっていることが多いのですが、ゴールデンウィークやお盆の宿泊分は、受付初日にいっぱいになることも珍しくありません。早めに予約されることをお勧めします。

最後に知っておきたいのが、「オートキャンプ場を紹介する書籍などでよく見かけ不可」の意味です。北海道の低料金キャンプ場を紹介する書籍などでよく見かけます。これは、テントの横にクルマを乗り入れられないという意味で、必ずしも、クルマで泊まる行為を禁じるものではありません。利用料金さえ支払えば、テントサイトから離れた駐車場でのPキャンが許されるところがたくさんあります。

駐車場であっても道の駅とは違い、他の車両の迷惑にならないスペースであれば椅子やテーブルを出して食事もできますし、筆者が利用した施設は生ゴミも処分してもらえるところばかりでした。

北海道の上富良野町日の出公園オートキャンプ場。ゲート外の駐車場なら、1泊1000円でPキャンができる

作法二九――サービスエリアには、事前に設備をよく調べて行くべし

サービスエリアでは、ずっと前から長距離トラックの運転手による事実上の車中泊が行なわれてきました。それゆえ、既に、車中泊に必要な環境が完備されているところもあります。二四時間利用できるフードコートとゴミの分別回収ボックスは全ての施設にありますし、最近ではドッグランやコンビニエンスストアにとどまらず、シャワーやコインランドリーまで付加された「EXPASA(エクスパーサ)」と呼ばれる新コンセプトの施設も続々とオープンしています。

NEXCO中日本によると、EXPASAとは、移動の通過点ではなく、目的地として選ばれるサービスエリアへの転換を図っていくための施設とのこと。既に、東名高速道路の足柄SA(上り・下り)、名神高速道路の多賀SA(下り)、東名阪自動車道の御在所SA(上り・下り)の三か所で、営業を開始しています。またNEXCO中日本はそれ以前にも、トラック向けに、外部電源を供給するスタンドを試験的に設置するなど、時代にマッチする施設作りに向けて積極的な取り組みを行なっています。

リニューアルオープンしたEXPASA多賀。旧多賀SAにもハイウェイホテルとお風呂があったが、食事施設が大幅に充実した

EXPASAではないが、24時間利用できるシャワーとコインランドリーがある山陽自動車道の小谷SA（下り）。お勧めの車中泊ポイントだ

加えて注目すべき施設が、一部のサービスエリアなどに連結された「ハイウェイオアシス」です。高速道路からも一般道からも入れて、北陸自動車道の徳光、東海北陸自動車道の城端、徳島自動車道の吉野川、松山自動車道の石鎚山などには日帰り温泉もあります。

ただし、ハイウェイオアシスのスマートIC（一三九ページ参照）には、車中泊に適さないものもあるので、注意してください。車中泊で使いやすい例は、東名高速道路の富士川SA（下り）で、一度外に出て日帰り温泉に入り、再び戻ってSAで車中泊することが可能です。料金は高速道路から出た時点で精算され

松山自動車道の石鎚山ハイウェイオアシス。隣接する椿温泉こまつの入浴料は大人400円で、駐車場にはベンチと広い芝生がある

ます。

さて、サービスエリアで車中泊をする時に注意したいのが、駐車スペースの選び方です。車椅子マークのある場所は論外ですが、トイレに近い場所やトラックレーンも避けるようにしてください。トラックレーンがいけないのは、大型車に迷惑がかかるだけでなく、本人も騒音と排気ガスにまみれるからです。またペット連れの人は、ドッグランのある施設をできるだけ利用しましょう。早朝からSA内を愛犬とともに散歩する人をよく見かけますが、誰もが犬好きというわけではありません。専用の施設がある以上は、そこを利用するのが作法です。

山陽自動車道の三木SAにあるドッグラン。ペット連れには道の駅より、このようなSAの方が車中泊しやすいかもしれない

作法三〇——無料駐車場で泊まりたいなら、一度下見をすべし

クルマ旅をしていると、これから走ろうと思っているルートの近辺に、サービスエリアや道の駅、あるいは低料金のオートキャンプ場など、よく車中泊に利用される施設がないことが往々にしてあります。そういう場合は、トイレが使える無料か有料の駐車場を利用することになりますが、まずは無料の駐車場を利用する際の留意点から説明していきましょう。

車中泊に利用されている無料駐車場は大きく二つに大別されます。

一つは旅の道中にある施設で、具体的にはドライブイン、水の駅、海の駅、鉄道駅、バスターミナル、港などの駐車場が挙げられます。こういったところは、サービスエリアや道の駅と環境がよく似ているので、特に戸惑うことはないと思います。鉄道駅や港の駐車場には有料になっているところもありますが、ほとんどの場合、二四時間出入りができます。他に適当な車中泊地が見つからないなら、早めに確かめに行かれることをお勧めします。

もう一つは観光地周辺にある無料駐車場です。具体的には、展望台、登山口、ビジターセンター、レストハウス、あるいは、運動公園、森林公園、臨海公園の駐車場といったところになるでしょう。

　こういった場所で夜を過ごしたいなら、必ず明るい時間に一度は下見に行く必要があります。チェックすべき点は、まず車中泊禁止の表示がないかどうか、次に夜間閉鎖されないかどうか、トイレが二四時間利用できるかどうか、そして最後は路上にタイヤ痕がついていないかどうかの四点です。タイヤ痕があるところでは、夜間に若者がたむろするかもしれません。

丹後半島の舟屋の里公園の駐車場に残されたタイヤ痕。トイレがある広いアスファルトの駐車場は格好のドリフト練習場でもある

観光地の無料駐車場を利用する際には、利用時のタイミングにもご注意ください。例えば、海水浴場の駐車場には、夏は有料、シーズンオフは無料、というところがよくあります。ただし、シーズンオフになるとトイレも閉鎖される場合がありますので、下見の際は、トイレが使えるかどうかも確認しましょう。

また運動公園なら翌日に大きな大会があったりしないか、観光地ならイベントと重ならないか、岬や展望台なら有名な朝日や夕日の撮影ポイントになっていないか、なども重要な要素です。

車中泊ができる無料駐車場に関する本は非常に少なく、筆者の『全国車中泊コ

大山の鍵掛峠にある駐車場。関西屈指の紅葉が見られる場所だけに、普段は空いていても、秋には早朝から駐車場に行列ができる

ースガイド　東日本編』『全国車中泊コースガイド　西日本編』など、数冊しかないのが実情です。

そこでインターネットで検索することになりますが、こちらでもそう簡単には見つけることができません。その理由はお気に入りの車中泊地が荒らされるのを恐れる人が多いからです。そのため情報を見つけだすには、他の人の車中泊旅行記をたくさん読むしかありません。多くはブログになっていますので、Yahoo! JAPANのブログ検索機能などを使って探してみてください。

筆者のウェブサイト「車中泊でクルマ旅」(http://kurumatabi.net/)。旅先ごとの見どころや車中泊スポットを詳しく紹介

作法三二——有料駐車場では、料金設定に着目すべし

有料駐車場を利用する際の話でこの章を終えたいと思います。車中泊で利用する有料駐車場も、やはり大きく二つに大別されます。

一つは街中にある公営の駐車場やコインパーキングで、街歩きや食べ歩きの際によく利用します。これらの駐車場を選ぶ秘訣は、ロケーションと料金設定を見極めること。街中では夜間料金や一日の上限金額が決まっている駐車場を探しましょう。またクルマを置いて食事に出かける場合は、繁華街周辺は駐車料金の相場も高いことが多いので、多少離れた公共交通機関の駅に近いところがお勧めです。

もう一つは観光地にある駐車場で、これは場所によっては無料の場合もあります。一日幾らという料金設定や、一〇〇〇円以上お土産を買うと無料といった特殊なところ、あるいは一時間一〇〇円とリーズナブルな価格設定の駐車場などもあります。車中泊ができる有料駐車場の情報は、無料駐車場以上に事前入手が難しいので、現地で確かめながら行動するのが基本です。

なお、観光地の有料駐車場には、係員が大きく手を振って誘導してくるところがあります。しかし、その近くに無料駐車場があるというケースも存在します。ここでは、幾つかその場所を紹介しておきますので、該当する場所では先に無料駐車場の空き状況を確認するとよいでしょう。

有料駐車場と無料駐車場がある観光地
大雪山　旭岳（ロープウェイ乗り場）
黒部　扇沢駅（黒部ダム）
富士山　白糸の滝（朝霧高原）
富士山　忍野八海（山中湖近辺）
熊野古道　熊野本宮大社

富士山麓の観光名所「忍野八海」の無料駐車場の入口。普通車を停めるスペースはこの裏側にある。忍野八海までは歩いて10分ほど

コラム

友人や家族との車中泊

個人だけでなく、仲間と出かけるクルマ旅も楽しいものです。その際たる例がオフ会と呼ばれる会合で、サークルやクラブに参加するメンバーがキャンプ場などに集い、懇親や情報交換を楽しんでいます。

それとは別に、少数の友人家族とともに車中泊のクルマ旅に出かける人たちもよくいます。その際にお勧めしたい場所が、キャンプ場などにあるバンガローです。バンガローは、声がよく響く戸外のキャンプサイトと違って、室内で少々盛り上がっても他の利用者の迷惑になりにくいのが魅力です。さらに、コテージと異なり、トイレやキッチンがついていない分、料金も安く設定されています。本州の相場は六〇〇〇円から八〇〇〇円ほどですので、三家族で割れば有料駐車場の利用料金と、さほど差はありません。また寝るのは各自のクルマですので、小さめの建物でも、テーブルを囲んで食事ができれば十分なのです。特に屋外で寛ぐことのできない晩秋から早春にかけては、暖かなバンガローは最適な談笑スペースといえるでしょう。

スマートICの構造

前章で軽く触れましたが、スマートICについて、ここで詳しくその構造と利用上の注意点をまとめておきます。スマートICとは、正式名をスマートインターチェンジといい、略してスマートインターとよく呼ばれています。二〇〇五年から社会実験を経て導入された、ETC搭載車限定の簡易料金所です。当時、車中泊をする人はスマートICがサービスエリアにできると聞いて喜んだものです。サービスエリアで車中泊する際に、一度高速道路から出てスーパーで買い物をしたり、入浴施設にも行けるだろうと考えたわけですが、現実は必ずしもそうではありません。

現在利用できるスマートICは、サービスエリアに後付けされたものがほとんどです。そのため、理想的な配置が取れないケースもあります。利用者の多くは、スマートICを利用する場合でも、サービスエリアのお店や駐車場に入れると思っているのですが、中には東名高速道路の富士川SA（上り）や、山陽自動車道の宮島SA（上り・下り）のように、サービスエリアの駐車場に行く手前にスマートICへの誘導路が作られているところがあります。そこでは一度ゲートへの誘導路を通り過ぎると、もうスマートICからは出られません。逆走は事故につながる恐れがあるため禁止されているのです。

またスマートICの中には高速道路に入る場合も、同様にサービスエリアの施設が使えず、そのまま本線に合流するだけのところがあります。こういった状況を踏まえると、スマートICのあるサービスエリアを利用したい場合は、事前に現地に電話をして、状況を確認した方が安心です。サービスエリアによっては上下線で構造の違うところもあり、前述した東名高速道路の富士川SAは、下り線のみスマートIC利用時にもサービスエリアに立ち寄れるようになっています。

第五章　長旅の作法

作法三一――長旅で起こりうる危険を考察すべし

この最終章ではさらに一歩進んで、筆者が一週間以上におよぶクルマ旅で実践している様々なノウハウを、具体的な事例を交えながらご紹介します。もちろん、この内容は一か月の旅にも応用できます。

長旅でまず考えたいのが、安全を確保する方法、逆にいえば危険を防止する策です。車中泊における危険には、事故と事件の二種類があります。それぞれの危険をどう予測するか、どう回避するか、どう凌ぐかの三段階に分けて考えましょう。

まずは、事故について。長旅中に最も遭遇が予測される事故は、台風などの自然災害によるものです。それを予測する一番簡単な方法は、テレビやラジオのニュースをキャッチすることでしょう。ですが、北海道のように広いエリアでは、電波を受信できないことがよくあります。そこで、確実に情報を把握したいなら、各テレビ局のニュース番組が放送される午後六時に、日帰り温泉施設に行くことです。地方の施設では、NHK総合の番組を映していることが多いので、そのまま見ればよいでしょう。

この時間帯であれば、他のチャンネルもごく一部を除き、ニュース番組を放映しています。

筆者は、旅の途中で台風に遭遇する可能性が高いとわかれば、その時点でコースを変更しています。遭遇しそうな日は車中泊をやめて、ビジネスホテルやバンガローなどの宿泊施設に泊まるといった危険の回避策を練るのです。

万一、それができない場合は車中泊地を考えます。例えば、大雨強風時に避難できる建物が閉まってしまう道の駅よりは、フードコートが二四時間使えるサービスエリアの方が、まだ安全性は高いと判断するわけです。

台風の来る可能性がある時は、道の駅よりバンガローのあるキャンプ場の方が安全でお勧め。北海道では一棟が4000円ほどで借りられる

台風の中でも車内に閉じこもったままでいられるのはキャンピングカーくらいです。他のクルマでの車中泊なら、用を足すのにもいったん外に出て、建物に入らなければなりません。せめて前日のうちにガソリンを満タンにしておく、一日分の水と食料を確保しておく、濡れて洗濯ができないことを想定して下着を買い足すなどの手が考えられます。実行するかどうかはその時々の判断ですが、いずれも台風に遭遇すれば必要になるものばかりでしょう。

さて、今度は事件について考えてみます。長旅では、様々なタイプの場所を車中泊地に選ぶ機会が増えますが、最も気をつけたいのが駐車場。第四章でも触れましたが、そこで危険を予知する手がかりは、タイヤ痕です。たとえタイヤ痕がなくても、吸殻が灰皿からあふれ、その下の地面が黒く汚れているような場所は、危険で選ぶべきではありません。また、夜間に人通りがありそうかどうか、あるいは周辺道路に電灯はついているのかなどを調べるためにも、明るい時間帯の下見は有効です。

実際に駐車するにあたっては、駐車場でも道の駅でも、いざという時に切り返さずに出発できるよう、正面に出口の見える場所を選び、バックで駐車しておくのが基本です。運転席には荷物を置かず、速やかに発進できるようにしておきましょう。

長旅では、簡単に付け外しができる車窓の目隠しも用意したいところです。釣りや写真を趣味にする人は、クルマの窓に、防犯用のフィルムをよく貼っていらます。これは、車上荒らしからマイカーを守る常套手段です。

車中泊をするなら、せめてカーテンだけでも車窓に取り付け、夜間に人が中で寝ていることが見えないようにしましょう。クルマを離れる時に車内の荷物を隠すというのは、最低限度の防犯対策です。そう考えれば、道の駅などで網戸をしたまま車中泊をすることが、いかに常識外れな行為であるかがご理解いただけると思います。

目隠しと防寒を兼ねた吸盤式の遮光パッド。カーテンレールが要らず簡単に取り付け・取り外しができる。代表的な車中泊グッズの一つだ

作法三三――エコノミークラス症候群に気をつけるべし

エコノミークラス症候群といわれる症状をご存知でしょうか。正式には、急性肺血栓塞栓症、あるいは旅行者血栓症といわれる症状です。飛行機などで長時間ずっと同じ姿勢で座っていることで、足の裏の血流が悪くなり、血の塊（静脈血栓）ができてしまうことが原因で発症します。怖いのは、静脈血栓ができてしまった状態で歩き出すと、血栓が血流に乗って肺の動脈まで上がり、血管を塞いでしまうことです。そうなると呼吸困難から窒息状態に陥り、失神したり状態が悪ければ死に至る可能性があるといわれています。

二〇〇四年の一〇月に起きた新潟県中越地震では、建物の倒壊による危険を避けるために多くの人々が車中泊をしていましたが、その中にこのエコノミークラス症候群になる人が多数出たことは、まだ記憶に新しいと思います。

対策として、まず血流をよくするため、移動中でも意識して水分を取るようにしてください。空気が乾燥する冬ほど、体内の水分が不足しやすくなります。また二時間に一度は休憩して、クルマから降りて歩いてみることが大切です。

あとは、月並みですが運動です。山歩きなどのアウトドアを目的にする旅であればそういう心配は不要ですが、食べ歩きや温泉めぐりを一週間も続ければ、誰でも体がなまり、体重が増えてしまいます。万歩計はそれを意識する便利なツールですので、旅に持参されることをお勧めします。取り扱っている一〇〇円ショップも多いので、入手しやすいでしょう。

また、夏の北海道でダニやブヨなどの虫に嚙まれると、普通の痒み止め薬では全く効きません。あらかじめ抗ヒスタミン薬を持参しておくことをお勧めします。

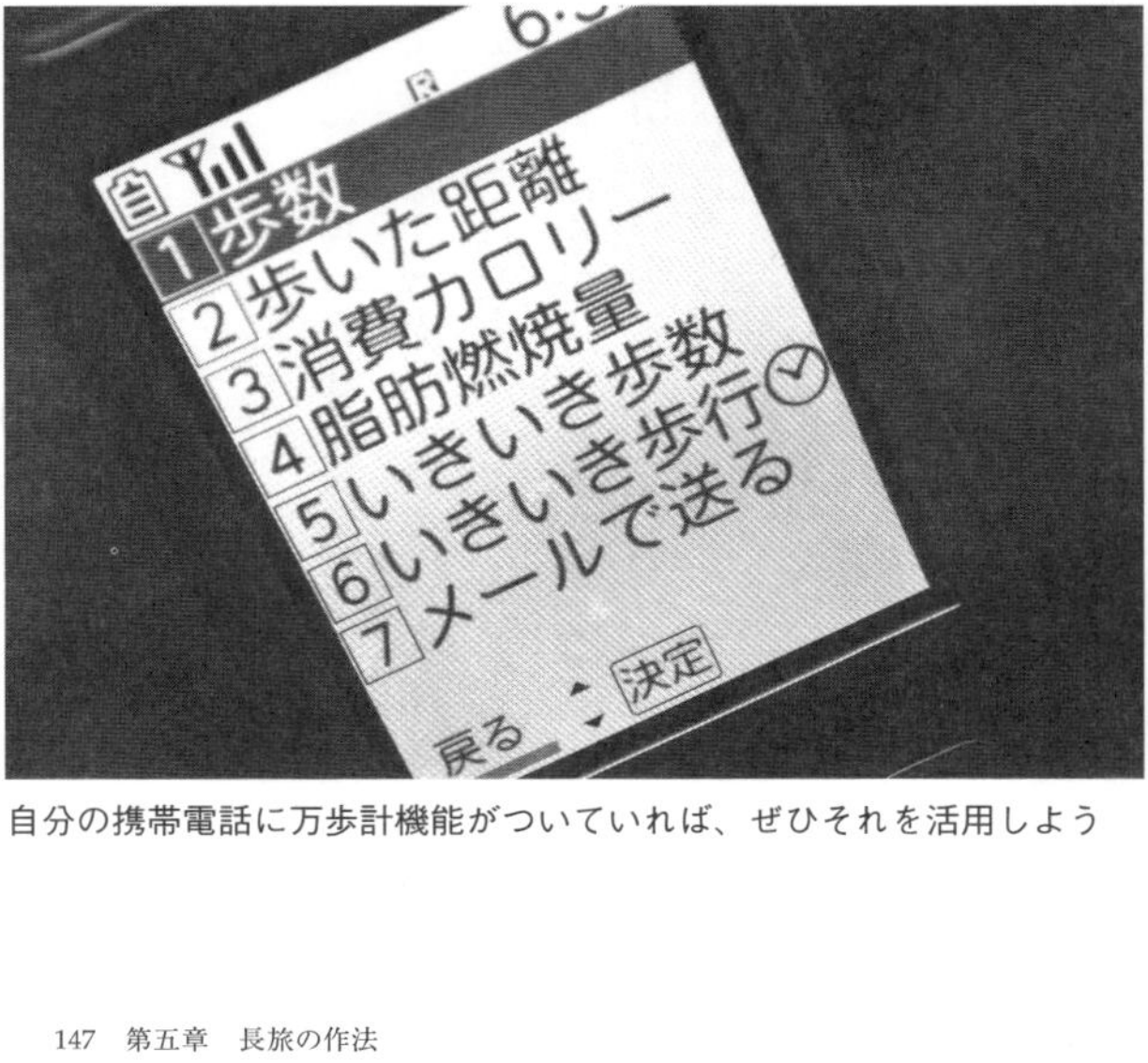

自分の携帯電話に万歩計機能がついていれば、ぜひそれを活用しよう

作法三四――定期的に畳の上で眠り、ストレスを解消すべし

意外なことに、キャンピングカーで数か月におよぶ旅をしている中には、途中でホテルや民宿を利用する方がけっこういます。そこに名物の料理や温泉があるからという理由もあるかもしれませんが、車内で立って動けるキャンピングカーでも、やはり長期間暮らせばストレスがたまってくるそうです。それを考えると、市販車を使った車中泊の旅なら、週に一度くらいのペースで宿泊施設を利用するのが適切でしょう。たとえ六畳の部屋でも、広々としたベッドや布団の上で眠るだけで、気分は大きく変わります。また談話室のあるペンションを利用すれば、オーナーや他の宿泊客との会話が弾み、気分転換だけでなく、旅の情報を得ることにも通じます。

また北海道や九州に行く場合は、フェリーを使うことで、リフレッシュもできます。特に舞鶴と小樽を結ぶ新日本海フェリーには、年齢合計が八八歳を超えるカップルを対象にした「ペア88」と呼ばれる企画があり、それを利用すれば個室料金などが三割引になります。

アウトドアを楽しみながらの長旅では、逆に都会に出て映画を観たり、ショッピングをすることが、ストレス解消になります。せっかくの「脱日常」も続けば、普段の生活に戻りたくなるというのは皮肉なものですが、実際に映画館の大きなスクリーンで人気の作品を観たりすると、疲れが取れた気がするのですから不思議です。

方法はどうあれ、長旅で大事なことは単調になりがちなスケジュールに変化をつけることです。夫婦で旅をしている場合、たまには個別行動をする日があってもよいと思います。美容室に行くというのもお勧めです。

北海道のサロマ湖畔にある「船長の家」は、豪快な量の海鮮料理が出ることで昔から人気のある民宿。食堂ではお客同士の会話も弾む。長旅では、時折こういうところにも泊まろう

作法三五——洗濯時は、コインランドリーを使い分けるべし

三泊を超える旅になると、衣類の洗濯が必要になります。通常、筆者は四日分の着替えを持って旅に出ます。それ以上だと荷物が増えますので、三日に一度のペースで洗濯をすることを心がけ、一日分は、万一に備えてきれいなまま分けておきます。

そこで強い味方になるのが、コインランドリー。ただし、各地のコインランドリー全てを網羅したデータベースがあるわけでもなく、所在を事前に調べる方法は限られています。そんなコインランドリーを見つける一番シンプルな方法は、洗濯予定日に運転しながら探すことです。わざわざ寄り道をしなくても、意識して走れば一軒や二軒は見つかるのが普通です。特に大きな大学や工場が近くにあって単身生活者が多く暮らす街や、長野県の白馬のようにスポーツの合宿が盛んな場所では見つけやすいでしょう。

便利なのはショッピングセンターに隣接しているコインランドリーで、待ち時間を利用して、効率的に買い物や食事をすることができます。またサービスエリアやパー

キングエリアにも、二四時間利用できる設備を持つところが増えてきました。

　さらに、車中泊客の多い道の駅の近くにも、コインランドリーが増えつつあるようです。今後、ますます増加すると思いますので、泊まる予定がなくても、目についた道の駅があれば、立ち寄ってみる価値があるでしょう。

　なお、旅の道中でコインランドリーを探す際に役立つのは、インターネットよりもカーナビです。最近の機種にはクリーニング店とともに、コインランドリーのデータが掲載されているものがあり、それを使えば、現在地から最寄りのコインランドリーを知ることができます。

筆者のウェブサイト「車中泊でクルマ旅」では、全国の主なコインランドリーを紹介している（http://kurumatabi.net/data_base/coin/）

さて、確実にコインランドリーが置かれている施設があることをご存知でしょうか。それは高規格オートキャンプ場です。コインランドリーを使用する場合の難点は、貴重な昼間の時間を一時間近く洗濯にとられてしまうことですが、オートキャンプ場なら、食事やシャワーを浴びている間を利用でき、時間の無駄がありません。

ただし、どうしても週末の朝夕は混雑しがちです。そこで洗濯をしたい時は、デイキャンプ料金で入場し、宿泊客が入れ替わる正午前後の時間帯を利用するのがお勧めです。晴天なら、シュラフ（寝袋）も干せるでしょう。

休暇村南淡路のオートキャンプ場。この電源付きの区画サイトは、目の前で釣りができる絶好のロケーション。コインランドリーも温泉も完備

もう一つコインランドリーに関して知っておきたいのが、乾燥機の種類による違いです。

オートキャンプ場によくあるタイプは小型の電気式乾燥機で、家庭用とさほど性能が変わりません。それに対し、最近のコインランドリー店に設置されているガス式の業務用乾燥機なら、圧倒的に早く洗濯物が乾きます。まだ全てのお店がガス式ではないようなので、筆者は最初にそれを確認するようにしています。特に撮影の多い長旅では、状況に応じて場所や機種をうまく使い分けながら洗濯をし、無駄に時間を過ごさないことを心がけています。

ガス式の業務用乾燥機。ドラムの上にガスマークがついているので確認ができる。お店によっては大きく表示をしてあるところもあった

作法三六——車内に持ち込むゴミは、徹底的に減らすべし

クルマ旅と切っても切れない関係にあるのがゴミです。旅の期間にかかわらず、何かを買えば嫌でもゴミはついてきます。何も考えずそのままにしておくと、瞬く間に、車内はペットボトルやビニール袋だらけになってしまうのです。そういう状況を招かないためには、これからお話しする三つの方法を実践してください。

まず最初は、できるだけ物を買わないことです。とりわけ、ペットボトル入りのお茶は、二リットルサイズでも安い店だと一五〇円ほどで買えるため、ついつい気軽に手を出してしまいがちです。しかし、自分で作るようにすれば、劇的にゴミを減らせます。自宅で大きめの水筒にお茶を入れ、他に、水出しできるお茶の葉のパック、クーラーボックスで保冷したロックアイスを用意して出発しましょう。翌日以降は「溶けたロックアイスの水でお茶を出して、残りの氷で冷やす」ということを繰り返していけば、全くペットボトルを買わずに済みます。

また別の方法としては、全国に展開するマックスバリュなど、イオングループのア

ルカリイオン水を利用する手があります。最初に三リットルの専用容器を買えば、あとはイオングループの会員カードを使って、無料で給水できます。同様のサービスを他のスーパーでも行なっていますので、特に系列にこだわる必要はありませんが、全国レベルで考えると、やはりイオングループが最も利用しやすいと思います。またこの容器は道中で、飲むことができる湧き水を見つけた時にも使えるので、とても重宝しています。

なお、どうしてもすぐに冷えたお茶が欲しい時は、購入直後、駐車場で水筒に移し替えること。買ったお店なら、空の容器を引き取ってくれるでしょう。

マックスバリュのアルカリイオン水の容器。ハンドルがついていて、持ち運びやすいように作られている

ゴミを削減する二つ目の方法は、食材を買ったらすぐ、そのお店の敷地内で自前の容器に移し替えてしまうこと。密封できる保存袋や蓋付きのプラスチック容器を持参して、パッケージ回収用のエコボックスがあるスーパーで買い物をするのです。そして、発泡スチロールのトレイは洗うなど、その場の注意書きに従って捨てます。

とにかく買った時点で捨てられるものは全部捨てるだけで、不必要なゴミを車内に持ち込まずに済むのですから、恥ずかしがることはありません。ゴミをため込んで、コンビニエンスストアなどで捨てる方が恥ずかしい行為です。

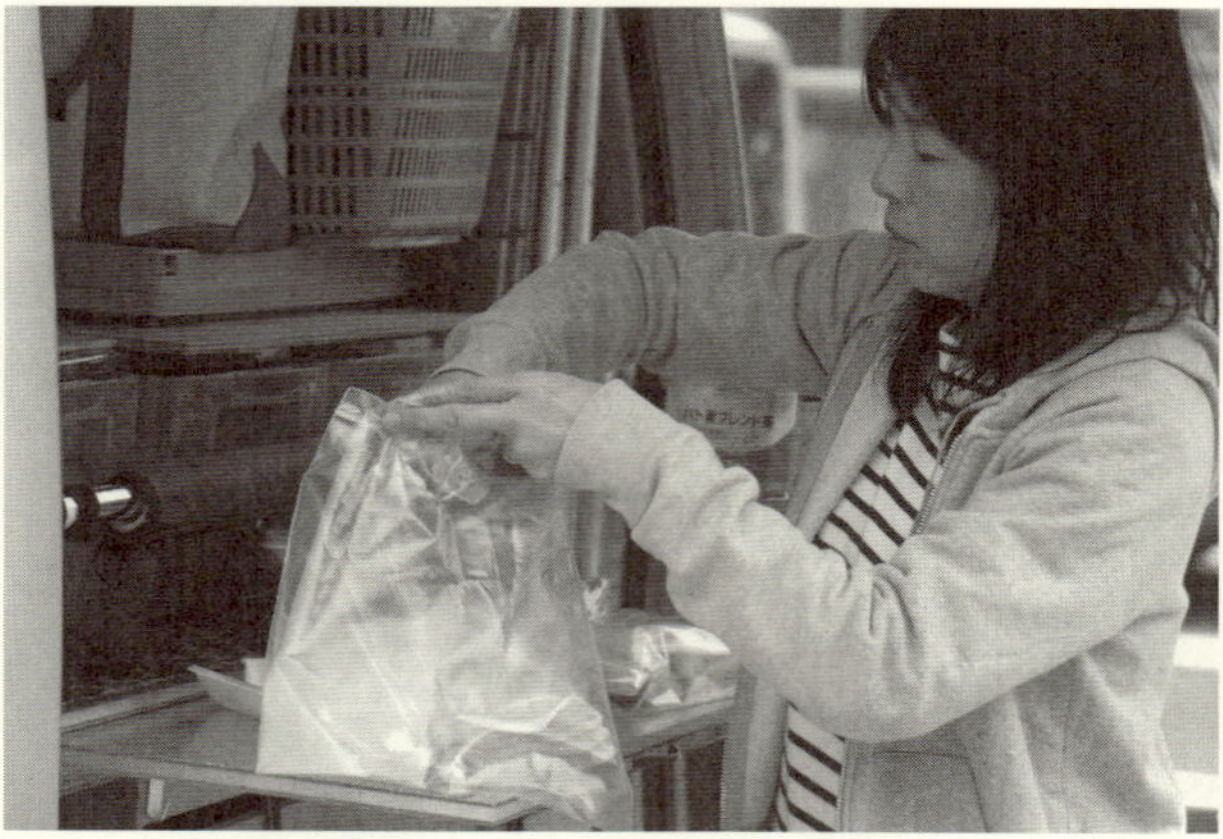

100円ショップで手に入る保存袋はとても便利。入れるものに応じて大小2種類用意しておけばロスも少ない

ゴミを削減する最後の方法は、紙コップや紙皿、そして割り箸などの使い捨て品を使わず、エコにつながると注目されているマイカップ、マイ箸などを使うことです。

人間の心理というのは不思議なもので、あとで洗わなければならないと思うと、汚さずに使えるものです。逆に捨てられるとなれば使い方が雑になります。ちなみにカレーのように汚れがひどくなるものが食べたい時は、あらかじめお皿にラップを敷き、その上に盛ればお皿自体を汚さずに済みます。見た目は美味しそうになりませんが、アウトドアでは日常的に使われている手法です。

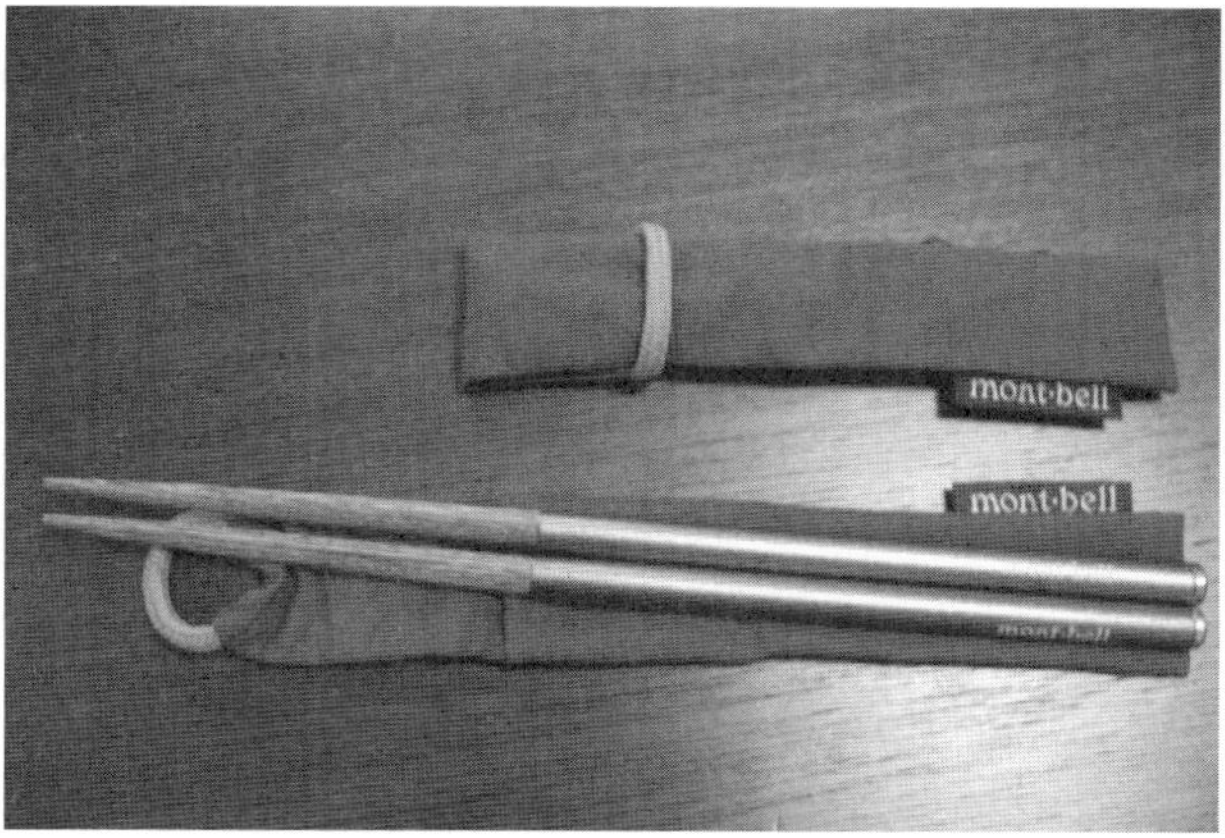

アウトドアブランド、モンベルの「野箸」。木製の箸先を金属キャップに収納できて便利。よいものを使えば愛着が湧き、長く使える

作法三七――ゴミの廃棄にはお金がかかると心得るべし

この項は旅行者だけでなく、道の駅やキャンプ場の責任者にもぜひ読んでいただきたいのですが、前項のように徹底して削減に努めても、けしてゼロにはならないのがクルマ旅のゴミです。今でも道の駅やキャンプ場の中にはゴミの持ち帰りを当然のこととしている施設がありますが、長期のクルマ旅ではそうしたくてもできないケースが多々あるわけで、強要すれば必然的に、ゴミはどこかのコンビニエンスストアのゴミ箱に捨てられる公算が高くなります。

心ある人は、そのゴミを捨てる代わりに、缶コーヒー一本でも買っていると思います。コンビニエンスストアの店長も、何か売り上げに貢献してくれれば黙認する気にもなれる…。つまり、旅行者の側から見れば、事実上、ゴミを捨てるのにはお金がかかるわけです。サービスエリアで廃棄をするのも、同じ理屈で考えれば有料です。

それならばいっそ、「道の駅やキャンプ場でも、有料でゴミを捨てられるようにしていただきたい」というのが、筆者の考えです。

既に、有料でゴミを引き取るサービスを開始している道の駅もありますので、そういった場所を利用することはできます。しかし、それはまだ一部。長期のクルマ旅をしている人は、自分たちではどうしようもないのです。

ゴミの問題は、商品の供給者、使用者、処理者が協力しなければ、抜本的に解決することができません。車中泊はあらゆる面で「暫定的対応」を避けて通れない旅のスタイルですが、今、ゴミの廃棄については、「どこで捨てても有料」と思っておくべきでしょう。

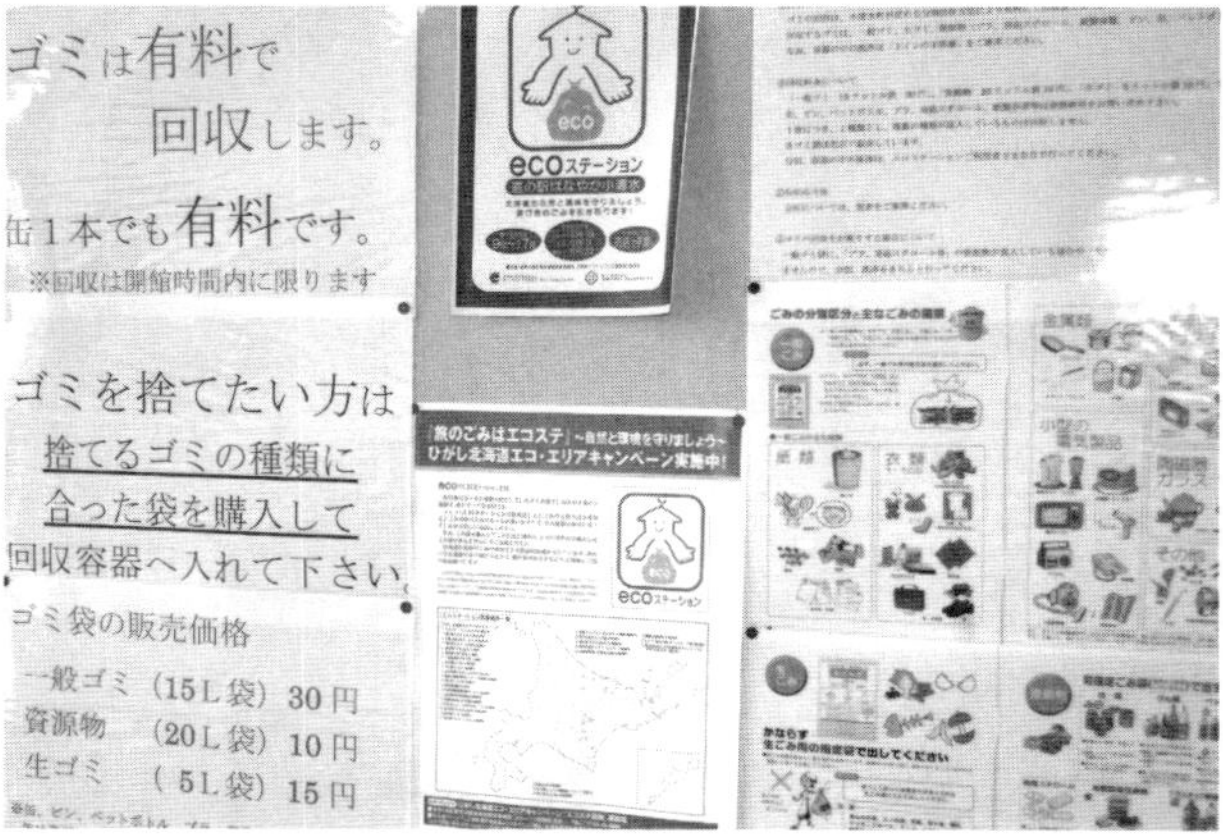

指定の袋を購入することでゴミを引き取ってもらえる、道の駅はなやか小清水（北海道）。だが自販機の横にまでゴミ箱がないのは不自然だ

作法三八――ゴミ収集車の省スペース術に学ぶべし

最近では、ゴミ箱の捨て口をわざと小さくして、中に入れにくくしている姑息な施設を見かけるようになりました。そういうことをすれば、ゴミ箱の前に山積みにされるか、生垣の見つかりにくい場所に隠すように捨てられ、かえって処理に手間がかかるのではと筆者は思うのですが、世の中には様々な考え方があるようです。

このようなゴミ箱は、ルールを守って正しく分別廃棄をしようとする人間からすれば、利用しづらい限りです。とはいえ、捨て口から入らないゴミを置き捨てにするようなことはしたくない…。そこで、作法を守って大きなゴミを捨てられる方法をご紹介しておきます。

やり方はいたって簡単です。ヒントは、毎週貴方の街を巡回しているゴミ収集車に隠されています。ゴミ収集車は回収したゴミをどうやって限りある荷室に格納しているのでしょうか? 答えは粉砕と圧縮です。つまり、私たちも、無駄に大きなゴミはハサミで切り刻み、そうしにくいものは潰して元のカタチに戻らないよう、ガムテープでとめてしまうのです。こうすれば二リットルサイズのペットボトルも、悠々とゴミ箱に収まります。なお、ペットボトルを解体する時は、専用のハサミを使うとよいでしょう。一〇〇円ショップがよく取り扱っているので、忘れても道中で簡単に入手することができると思います。

そもそも旅行者が持ち込むゴミにさほど特殊なものはないわけで、施設側がそこまでして排除したい対象ではないはずです。これもまた「暫定的対応」として、いずれはしなくても済むようになることを心から望みます。

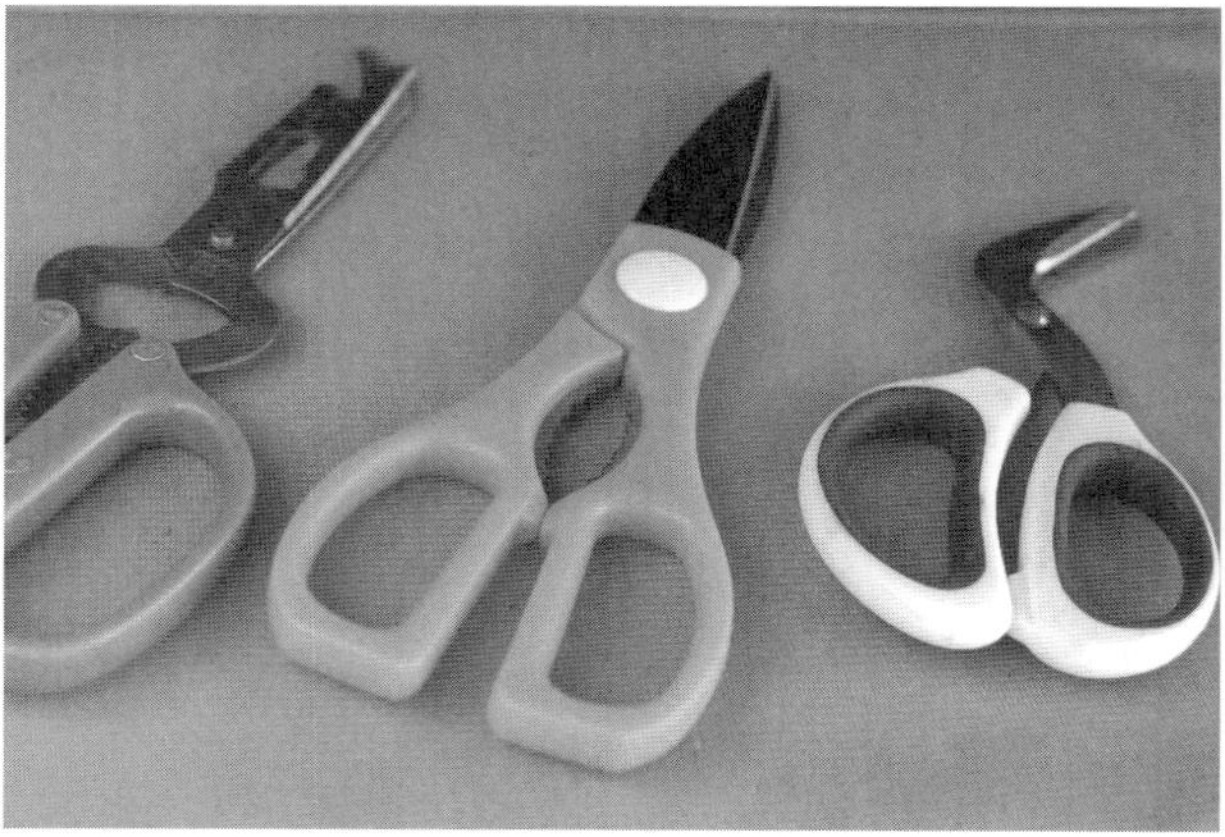

筆者が持参しているハサミ。一番右がペットボトル解体用。ちなみに車中泊では、まな板を使う包丁よりも、手軽なハサミの方が便利

作法三九——ゴミの持ち運びには、車外をうまく活用すべし

現実的に考えて、長旅中のゴミを全部自宅まで持ち帰ることはありませんが、捨てられない場所から捨てられる場所まで一時的に保管することはよくあります。その際の方法をご紹介しましょう。週末のクルマ旅でゴミを持ち帰る時にも応用できます。

ゴミへの対応は、匂いがするか、車内に汚れが付きやすいかどうかで変わってきます。紙やプラスチック、ペットボトルなどはビニール袋にまとめて入れておけばよいでしょう。車内のどこに置いても、さほど気になるものではありません。一方、生ゴミやビール缶などは時間が経つにつれ、異臭を放つようになります。こちらは、クーラーボックスのように密閉度の高いケースに入れて持ち帰るのが基本です。

外食やお弁当に頼る車中泊の旅なら、右記の方法で何とかなると思いますが、問題はPキャンです。河川敷や堤防のような場所で自炊をすると、深夜には野良猫、早朝にはカラスが、ゴミや食材の匂いをかぎつけてやってきます。寝ている間の保管場所を含めた対策が重要なのです。

そんな時に役に立つのが、クルマの外側に取り付けられるキャリアです。道行くキャンピングカーに注目していると、リアラダーに蓋付きのゴミ箱を取り付けている車両をよく見かけます。意図は同じですが、そのまま真似しようとすると、ゴミ箱に鍵をつける必要が出てきます。そこで、折り畳めるコンテナなどを活用し、必要な時にだけゴミ箱代わりに使えるようにしておけばよいのです。

夜間はコンテナをゴミにかぶせるように使うと囲いの代わりとなり、動かせないよう上に重石を載せておけば、小動物に荒らされる心配もありません。

リアラダーにバイクキャリアを取り付け、一時的なゴミを保管した例。このようにコンテナも使うとゴミを分別しやすく、すぐ処分できる

作法四〇――クーポンや割引制度をフル活用すべし

ここで、節約術についてお話しして締めくくりたいと思います。第一章でもコストについて触れましたが、本来、節約とは「無駄を省き、合理的にモノを安く手に入れること」です。その最も簡単な手法は、クーポンや割引制度の有効活用でしょう。チャンスを見逃さない秘訣は、お金の使い道をよく整理することです。

旅でまず使うお金は旅費、つまり移動にかかるお金です。「高速料金、ガソリン代、フェリーの運賃などに利用できる割引はないのか？」ということに絞って、情報を集めてみると、細かなことにまで気が回るようになります。例えば、北海道に行くのであれば、既に紹介した新日本海フェリーのペア88という割引制度があります。それを使えば、近畿以西なら、ＥＴＣの休日割引制度を利用して高速道路を走り切って津軽海峡をフェリーで渡るよりも、単純に舞鶴から小樽までフェリーに乗る方が安くつく可能性が高いでしょう。食事や温泉の割引とは浮く金額が違いますので、ガソリンの支払い方法を含め、ここは時間をかけて検討してみる価値があります。

旅費の次に節約しやすいのが入浴代です。意外かもしれませんが、温泉やスーパー銭湯の割引クーポンは様々なところで入手できますし、実際の利用頻度も高いです。最も便利なのは雑誌についているクーポンで、月刊誌の『温泉博士』はその代表格といえるでしょう。また北海道や東北には地域限定の雑誌や書籍があります。

その他に温泉の割引や無料クーポンを入手する方法はインターネットで、行きたい温泉名が決まっていれば、その有無をすぐに調べることができます。また道の駅にも温泉の割引券が置かれているところがあります。

『温泉博士』は毎月10日に発売される温泉専門誌。月替わりで全国にある127か所の温泉無料入浴券がついてくる。夫婦なら2冊買うとよい

次は飲食代です。ここでは外食に限ってお話をしますが、飲食店の割引クーポンを入手する方法は主に二つあります。一つ目は、「ホットペッパー グルメ」などのウェブサイトにアクセスすることです。利用するには、クーポンを印刷したり、携帯電話の画面を見せたりする必要があります。

二つ目は、もっと手軽な方法で、旅先でクーポン付きのフリーペーパーを入手することです。鉄道駅の旅行案内所周辺やコンビニエンスストアなどに置かれたラックをチェックしましょう。主な観光地であれば、たいていこの方法でクーポンを入手できます。

JR富山駅で入手した『るるぶ』のフリーペーパー。駅の観光案内所は、クルマ旅でも貴重な情報源になる

最後に節約したいのは、レジャー代です。長旅に雨の日は付きもの。そういう日に無理をして野外を観光する必要はありません。

街に出て映画を観たり、水族館やミュージアムなどの屋内施設を利用する方が得策です。映画は夫婦どちらかが五〇歳以上なら、一人一〇〇〇円で観ることができる他、幾つかの割引制度があります。また施設の中には、飲食店と同じくクーポンを出していたり、日本自動車連盟（JAF）の会員やJCBなどのクレジットカード会員を対象にした割引を実施していたりするところが多数あります。

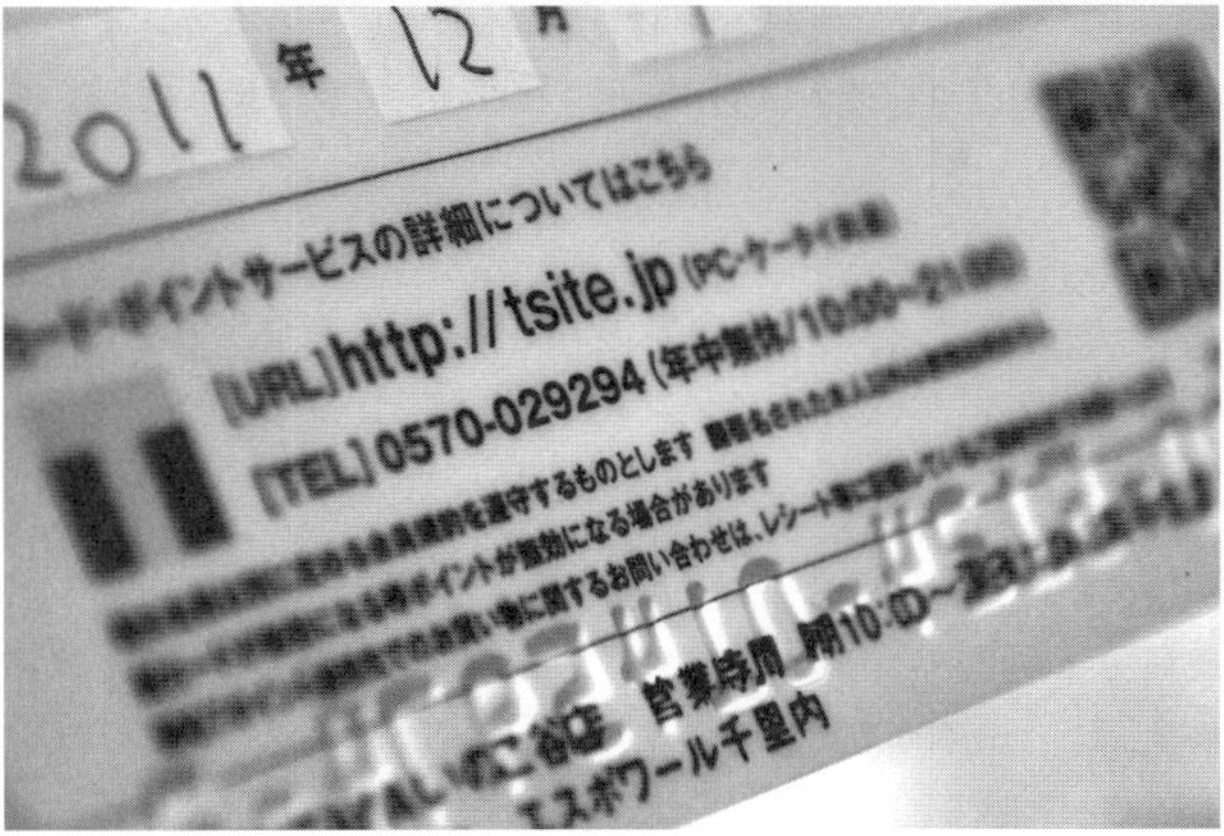

TSUTAYAでおなじみのTカードのポイントなども活用できる。詳細はカード裏のQRコードを使って、携帯電話用サイトで確認を

お勧めの車中泊スポット一覧

※フリーサイトとは、区画がなく自由にスペースが使用できるキャンプ場を指します

【北海道】

●道の駅名水の郷きょうごく
羊蹄山がよく見えるニセコにあり、温泉までは歩いて行ける。また、名水「羊蹄のふきだし湧水」の水汲み場にも近い

●国設知床野営場
ウトロのホテル街にあり、温泉はすぐ隣。場内はオートキャンプが可能で、1人1泊350円。朝夕はエゾジカの姿が見られることも

●別海町ふれあいキャンプ広場
敷地内に温泉がある高規格オートキャンプ場。フリーサイトなら1人1泊200円（別途入場料300円が必要）。根室に比較的近く便利な立地

●道の駅びふか
名寄の街に近い道の駅。森林公園びふかアイランドにあり、温泉と白樺林のキャンプ場に隣接。キャンプ場は、フリーサイトなら1人1泊200円

●道の駅☆ロマン街道しょさんべつ
オロロン街道沿いの眺めのよいロケーション。温泉とみさき台公園オートキャンプ場に隣接。フリーサイトなら1人1泊500円

【東北】

●道の駅浅虫温泉（ゆ〜さ浅虫）
青森市内に近い国道4号沿いにある温泉併設の道の駅。車中泊には国道を挟んだ海側の広い駐車場がお勧め。JR浅虫温泉駅にも歩いて行ける

●峠山パークランドオアシス館
岩手県の錦秋湖SAにほど近い、無料のオートキャンプ場（SAからはアクセスできない）。温泉までは徒歩で行ける

【関東・甲信越】

●塩原グリーンビレッジ
那須高原にある高規格オートキャンプ場。場内には無料の温泉もある。また隣接の有料温泉施設の利用者は駐車場での車中泊も可能

●光徳駐車場
日光国立公園内、日光アストリアホテル（温泉の外来入浴あり）横の無料駐車場。トイレとゴミ箱が設置されている

●道の駅なるさわ
富士山が眺望できる絶景のロケーションにある道の駅で、建物の裏手にある第2駐車場が車中泊向き。温泉はグラウンドを挟んだ隣にある

●道の駅信州蔦木宿
八ヶ岳の麓にある道の駅で、場内に温泉がある。道の駅の横を流れる川の河川敷は、無料のオートキャンプサイトになっている

●諏訪湖SA
中央自動車道にあるSAで、上下線ともにハイウェイ温泉が併設されている。諏訪湖の眺めもよく、車中泊をする人が多い

【東海・北陸】

●城端ハイウェイオアシス
白川郷に近い東海北陸自動車道のハイウェイオアシス。北陸・東北・東海のどの方面にも行きやすく、併設の温泉は夜10時まで利用できる

●徳光ハイウェイオアシス
北陸自動車道にあり、広大な海鮮市場を有するハイウェイオアシス。場外の温泉にはスマートIC経由、もしくは隣接するパーキングから徒歩でアクセスできる

●刈谷ハイウェイオアシス
温泉併設の伊勢湾岸自動車道沿いにある大きなハイウェイオアシス。東名・名神高速道路を利用する際の車中泊地として最適。女子トイレはラウンジのよう

【近畿】

●余呉湖キャンプ場
滋賀県長浜市の余呉湖畔にあるオートキャンプ場。環境は静かで抜群、料金はクルマ1台1泊1000円。お風呂は隣接の国民宿舎で

●道の駅てんきてんき丹後
丹後半島の先端にある道の駅で、オートキャンプ場を併設。秋から春にかけてはクルマ1台1泊1000円。温泉までは徒歩でも10分ほど

●道の駅あわじ

淡路島の北側にあって明石海峡に面している。敷地のすぐ外にある堤防からは釣りができ、温泉まではクルマで5分ほど

【中国・四国】

●道の駅たからだの里さいた

香川県にある温泉隣接の道の駅で、讃岐うどん店めぐりには最適のロケーション。車中泊には駅舎の裏側の駐車場がお勧め

●土佐西南大規模公園

四万十川の河口部分にある広大な公園。園内には無料駐車場のほか、高規格オートキャンプ場と温泉施設がある

●夢みなと公園

鳥取県の境港市にある大きな公園。場内には釣りのできる堤防をはじめ、魚市場や温泉のあるタワーがある

【九州】

●はげの湯温泉

大分県と熊本県の境にある小国郷の中の一つ。家族風呂と蒸気蒸しが楽しめ、専用駐車場では車中泊もできる

●道の駅たるみず

鹿児島県の桜島の近くにある温泉併設の道の駅。火山灰でクルマが汚れるが、桜島の噴火を目前で見られることも

終わりに

この本を手にしていただいた方の多くは、読まれる前まで車中泊のルーツが道の駅にあると思っていらっしゃったかもしれません。しかし今は、それが勘違いであったことに気づいていただけたと思います。筆者が今最も危惧しているのは、車中泊のルーツが道の駅にあるという誤解がひとり歩きをし、Pキャンという、本当にこの国に合うクルマ旅のスタイルが、車中泊旅行者の視界の外に追いやられてしまうのではないかということです。

確かに温泉やコンビニエンスストアが隣接し、利便性の高い道の駅は、ただ車内で寝るだけの車中泊には格好の場所だと思います。旅の途中で夜を迎えた時には、筆者も利用することがあります。しかしそこは車中泊のための施設ではありません。たとえ禁止行為やマナー違反をしなくても、その利便性に甘え、本来の道の駅の目的に合う利用者や、周辺住民への影響を考えないまま利用し続けていいということにはなりません。もちろんそれは、車中泊旅行者だけでなく、その状況を放置している業界や施設関係者にもいえるでしょう。つまり、いつかはやめた方がいい…。それが道の駅での車中泊における現在の正論です。

　ただし、既にご紹介したように、道の駅に併設してオートキャンプ場があるという場合はその限りではありません。もし道の駅の関係者が車中泊のことを本気で考えるのなら、施設は現状のままにしておき、新しく隣にオートキャンプ場を作る方が、よほど理に適っているわけです。

　車中泊にとって最適な施設はオートキャンプ場であり、理想のクルマはキャンピングカーです。この正論から逸れることなく、現状の歪みを修正することが、実は全ての問題を解決の方向へと導く唯一の方法だと筆者は考えます。

　そのためには、もう一度オートキャンプの概念を見直し、利用者と受け入れ側が、これからの時代に則した新たな価値観を共有する必要があります。なお辞書でオートキャンプの意味を調べると、「自動車で移動しながら、宿泊もその車を利用する旅の仕方」（小学館『日本国語大辞典 第二版』より）と書かれています。これを正しいとするなら、本書の冒頭で、筆者が定義した車中泊（ただ車の中で寝るだけの行為）は、その中の極めて限定された手法、すなわちレアケースということになるでしょう。

本文でも書いたように、現在、ホテルや旅館に例えれば、素泊まりできる格安ビジネスホテルに該当するような施設、つまり、リーズナブルで車中泊という宿泊手法にマッチしたオートキャンプ場が圧倒的に不足しています。そのため車中泊旅行者はその代替スペースとして道の駅を重宝しているにすぎません。そこでのマナー違反は、駄々っ子のわがままと同じです。ただし、地域によっては他に車中泊ができる場所がないから、道の駅を利用せざるを得ないというケースもあります。礼儀正しく車中泊をしたいと願う人が、マナーを守りたくても守れない現実があることもまた事実。その両極にいる人たちが混在している場所が、今の夜の道の駅です。

しかし、いずれPキャンに対応したオートキャンプ施設が整備されてくれれば、もはや道の駅での車中泊に関する議論も対策も、全てが意味のないことになるでしょう。無理を除けば、無駄はなくなります。全国各地に低料金のPキャン場が整備され、道の駅が規則通りに車中泊に対して厳しい姿勢を貫けば、無理のある場所で寝泊まりをする人は急激に減っていくのではないでしょうか。つまり、道の駅も車中泊もすっきりと正常化されるのです。

短絡的に現在起きている現象だけを見て、旅行者が道の駅で車中泊をしたがっていると解釈するのは、時間と経費のとんだ無駄遣いになるだけだと筆者は考えます。今、本当に必要なものは、欧米のようなクルマ旅全盛時代を見据えた、本物のオートキャンプのグランドデザインと、それが実現するまで、現在の車中泊環境を悪化させることなく維持し続ける処方箋です。まさに車中泊の作法そのものではないでしょうか。

道の駅や一泊数百円で利用できるオートキャンプ場は、クルマ旅をする人にとって、かけがえのない「環境」です。そう考えれば、道の駅や河川敷の低規格キャンプ場と、今後どう向き合っていけばよいかがわかりやすくなると思います。環境は共有すべき財産です。人生の先輩にそれを破壊する権利はありません。どうか、この本がそれを守る一翼を担えれば幸いです。

最後になりましたが、本書執筆の機会を与えてくださった、ソフトバンク クリエイティブの田上様はじめ、関係者の皆様、本当にありがとうございました。

二〇一〇年二月

稲垣朝則

著者略歴

稲垣朝則（いながき・とものり）

1959年5月生まれ、大阪府在住。同志社大学文学部卒業後、ライター・フォトグラファー・ウェブデザイナーとして独立し、現在はクルマ旅のナビゲーターとして活躍中。年間約100日を車中泊などのオートキャンプに費やし、走行距離は約4万キロ。既に日本列島を4往復している。主な著書は、『ミニバン車中泊バイブル』（毎日コミュニケーションズ）、『全国車中泊コースガイド 東日本編』『全国車中泊コースガイド 西日本編』（ともに地球丸）。

http://www.ne.jp/asahi/modern/autocamping/

ソフトバンク新書 159

車中泊《しゃちゅうはく》の作法《さほう》

2011年4月25日 初版第1刷発行

著　者：稲垣朝則《いながきとものり》

発行者：新田光敏

発行所：ソフトバンク クリエイティブ株式会社

〒107-0052 東京都港区赤坂 4-13-13

電話：03-5549-1201（営業部）

撮影協力：地球丸『カーネル』編集部

装　丁：松 昭教（ブックウォール）

組　版：アーティザンカンパニー株式会社

印刷・製本：図書印刷株式会社

落丁本、乱丁本は小社営業部にてお取り替えいたします。定価はカバーに記載されております。本書の内容に関するご質問等は、小社学芸書籍編集部まで書面にてご連絡いただきますようお願いいたします。

ISBN 978-4-7973-6379-1